与最聪明的人共同进化

新 CHEERS

HERE COMES EVERYBODY

CHEERS
湛庐

强势出圈

韩立勇 著

浙江教育出版社·杭州

企业如何破圈传播？

扫码加入书架
领取阅读激励

扫码获取全部测试题及答案，
一起探索企业如何破圈传播

- 在传播竞争中，企业想生产一条被大量转发、点赞甚至刷屏的信息，需要通过什么与大众建立深度联结？（单选题）

  A. 情绪的共振

  B. 理性的思考

- 《孙子兵法》中的哪项策略恰当地总结了企业爆品事件的编剧原则？（单选题）

  A. 以虞待不虞者胜

  B. 以正合，以奇胜

  C. 攻其不备，出其不意

  D. 以利诱之，以卒待之

- 在国内制造全民热点话题、引爆品牌传播，能力最大的两个社交平台是什么？（单选题）

  A. 抖音、小红书

  B. 抖音、微信

  C. 微博、B 站

  D. 微博、微信

扫描左侧二维码查看本书更多测试题

前 言

突破圈层，
成为刷屏的力量

2021年鸿星尔克爆红出圈，不得不在直播间呼吁消费者理性消费，这是为什么？因为网友购买鸿星尔克产品的热情太高了，这股热情当时被描述为野性消费。

老牌企业白象的经营一度颇为困难，但它在郑州"7·20"特大暴雨期间捐款500万元，因而受到网友追捧。2022年，白象爆红出圈，因为网友发现，这家企业的价值观太正了，它经营困难却依

强势出圈

然大手笔捐款捐物，还解决了很多残疾人的就业问题。网友认为，价值观这么符合网友预期的白象经营非常困难，它的对手们却都赚得盆满钵满，这还得了？于是，支持白象的声音越来越大，以致同行企业在舆论上非常被动，连上数个负面热搜，不得不做各种澄清，却依然被网友痛骂。

鸿星尔克也好，白象也好，都是在经营上曾经不理想的企业，它们能爆红出圈，迅速走出经营困境，是很值得深思的。

它们的爆红出圈有无规律可循？其实是有的，那就是善用互联网时代的公关策略。传统公关基于电视、报刊等传统媒体；互联网公关基于互联网。互联网是第一个具有互动功能的媒体，在互联网上，沉默的大多数掌握了发声工具，但发声的往往都是第三方，因此互联网是做公关的最佳场域。相比于广告，公关的优势在于，它是第三方的表达，所以更具客观性和可信度，可以更高效地影响受众心智。宏观地说，公关有两种：一种是强势出圈，瞬间赢得人心的有效传播公关；一种是化危为机、反败为胜的危机公关。

互联网时代，企业公关的价值被放大了，程度大到可以让一家企业起死回生。事实上，这样的案例在网络上不胜枚举。中国互联网历史上曾发生著名的"3Q大战"，360公司最后在舆论上赢了，换回来的是公司的顺利上市。如果当时360公司没有采用高级的公关手段，就彻底出局了。

把公关提到战略层面

信息爆炸时代,企业形象如何在沸反盈天的舆论场中脱颖而出,网络公关的战略价值意义重大。**我认为,必须将公关战略化,必须把公关提升到企业的战略层面,才能让企业在认知的竞争中胜出。**

美国营销大师杰克·特劳特(Jack Trout)和艾·里斯(AL Ries)提出的定位理论特别能佐证我的看法。在定位学者看来,随着商品的极大丰富,大众面临巨大的选择暴力。选择暴力并非出现在门店中的行为,而是人脑中的认知。也就是说,在去卖场之前,消费者要买谁的产品、哪个牌子,基本已经决定好了。只有在消费者认知的版图上抢占差异、抢到第一,才能在未来的竞争中胜出。

定位理论在中国的成功应用不胜枚举。当年定位理论服务的凉茶品牌王老吉,曾用差不多 10 年时间,将销售额从 1.8 亿元追升至 160 亿元。特劳特公司用定位理论服务的中式餐饮品牌老乡鸡,君智战略咨询公司用定位理论服务的飞鹤奶粉,都取得了非常亮眼的成绩。中国本土化的定位理论是把广告战略化。我更倾向于里斯先生的广告没落、公关崛起论。但中国公司的通常打法在于认知战,资源都在广告领域发力了,很少有公关成就品牌的案例。

工业时代,最简单的传播方法,就是做广告。但在如今这个信息爆炸时代,许多事情已经不一样了。传统媒介广告的护航价值大于攻击价值。互联网作为主要的信息传播工具,已经在某种程度上改变了人脑处理信息的过程。智能手机成为大众的主要信息渠道，搜索引擎、新闻客户端和社交媒体等 App，无论哪种呈现方式，都只有"刷屏"才能让大众感知到聚焦的信息。信息聚焦的核心已经不在传统的媒介渠道了，而在朋友圈、微博等社交媒体中。只有出圈，才能真正地面向大众，短时间强化、改变其认知。

就像广告有丰富的方法论一样，有助于出圈的公关当然也有丰富的方法论。通常，调整大众的事实判断和是非判断是公关的核心动作。但在我看来，仅有这两个动作远远不够。过往的公关理论其实无法适应信息爆炸时代事件的快速发展。

我是研习危机公关出身的，处理过大量危机公关案例。我深知，公关信息和事件的生产不能仅仅通过事实判断和是非判断两个维度。很多时候，热点事件中的事实判断完全可以是多元的。一个人在不同时间看待同一图景尚且有差异，一群人看待同一图景时，每个人描述的事实怎么可能一样呢？

在事实判断不能抵达大众的节点时，企业靠什么调整和大众的关系？我认为，主要是去熟悉大众在其他维度处理信息的方式。这些方式更能体现人们的认知。大众形成认知的方式有规律可循，主要是靠情绪。简单来说，情绪的强度决定了记忆的细节和方向，在情绪和记忆的双重作用下，关于真相的争议导致大众充分发挥想象力来对事件进行判断。

一个声音击破圈层，成为社会共识，这就是出圈的力量。靠什么出圈？我有一套自己的方法论。举个例子，传播动力的底层逻辑是满足大众的优越感，满足大众优越感最重要的方法是发现坏事、成为好人。坏事虽然可怕，但坏事的传播动力最大。

建立"坏事好人"的观念，需要捕捉人性的优越感，最普遍的优越感是道德优越感，再者是智商优越感，最后是文艺优越感。

有了这样的底层逻辑之后，要把传播做到最好，就要瞄准传播的"弹药库"，启动传播的"核按钮"，形成舆论的"核爆炸"。哪怕只有一颗子弹，只要打到"弹药库"上，就会发生舆论大爆炸。

那么，"弹药库"在哪里？它是移动的、潜在的、需要被发现的。它和时间有关，比如"3·15"是企业声誉的"弹药库"；它和空间有关，比如各平台的热搜话题；它和群体心理有关，比如2022年就业者群体心理的关注度很高，很容易成为热点。

只有找到"弹药库"，才能找到你准备命中的目标，知道你的"子弹"往哪里打。前文提到的白象和鸿星尔克的出圈动作就命中了目标。

怎样才能瞄准呢？怎样才能命中目标、引爆舆论呢？需要根据优越感来制造特别有传播动力的"热"内容。不"热"，"子弹"就打不出去，即使打出去也无法命中远方的大目标。文案就是校准"子弹"的工具，怎样制造好文案，校准舆论的"子弹"呢？

好文案要能让受众产生优越感，并且文案的种类、数量都很重要。比如"月薪 3 800"的热门视频让公众产生了智商优越感、道德优越感，大家看得开心，所以仅仅在"月薪 3 800"这个靶心上，主播就可以闪展腾挪，不断出圈。

优越感的本质，是让内容"热"起来，让内容受众变得感性。感性才能让人"沸腾"，当内容"烈火烹油"的时候，离出圈破壁就不远了。

传播效果已经进入了用冷、热来界定的节点，传播效果是冷是热，几乎是区分低效传播与高效传播的标准，也是传统媒体传播和新媒体传播的分水岭。

传播动力的基础逻辑是冲突，冲突最广普的结构是"坏事好人"，产生这样的冲突需要瞄准靶心。这就需要用优越感不断校准内容"子弹"，不断向移动的热点和潜在的热点发起冲击，然后命中靶心引爆舆论，最终实现最热的传播，或者说是最有效的传播。

我更愿意从战略维度看待出圈的价值，实际上，出圈也真的应该成为战略性动作。举例来说，我这样看待自己比较熟悉的一家知名科技企业的公关：它真正应解决的问题，是如何改变公众认知，澄清被污名化的事实。这靠的不是广告，而是公关，是讲故事。对这家企业而言，内部认知和外部认知存在巨大的差异，要通过有穿透力的故事让人们对它有完整的认知。这不是靠广告能解决的问题，因为广告能承载的信息没有穿透力。

落后的生产力，才会选择落后的生产关系。常识是，当别人用大炮打仗的时候，你不能用大刀！

今天，从信息生产工具、生产方式等角度去看，有太多生产关系需要调整升级。互联网的信息场景全面颠覆了工业时代媒体的信息场景。广告和公关都必须适应互联网的信息图景。企业必须重置广告在战略价值上的逻辑，把公关真正提升到战略维度。

只有出圈，才可以更好地聚焦信息，才可以讲好品牌故事。出圈是一个现象，也是一种方法论，只有把出圈提升到战略公关的维度，才能体现它真正的价值。我确信，这是一个趋势，不能逆转，未来这一认知必将成为强大的势能。

网络传播的三大误区

作为国内最早接触互联网的那批人中的一员，2000年时我就涉足了当时国内最负盛名的社区——天涯社区，成为中文互联网第一批意见领袖（KOL）中的一员。

此后20多年的时间里，我一直扎根于互联网传播领域，见证了诸多网络热点的台前幕后，也目睹了各大网络平台的崛起和发展。对于互联网时代信息传播的规律、特点，以及各大网络平台的内容生态、底层逻辑等，我都有着自己的观察和思考。

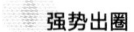

最近几年，我逐步把自己积累的传播经验用在了企业服务和名人服务上。我服务过很多《财富》500强企业、知名艺人，也接触过很多民营企业家，以及民营企业里负责品牌公关的高管。

每次和企业家朋友交流时，我都有一种"冰火两重天"的感觉。一方面，因为网络的普及极大地改变了信息的生产方式，所以大家对网络的传播力量还是有认知的；另一方面，对于如何利用网络做好传播、塑造好企业品牌，绝大多数人是门外汉。

通过这些年的观察和了解，我发现企业在互联网时代的传播中，主要容易陷入三大误区。

误区一：只要发布的渠道够多，最后的传播效果就一定会好

10年前，有一家企业为做好一次宣传活动，其老板携高管团队找到我，希望将同一个主题的稿件发到200家网站。我问他们准备了多少预算，对方表示有6万元预算，且可以追加。但我表示只需要200元就够了。这位老板特别吃惊。

其实，网络上有大量价廉的媒介资源，用200元让200家网站发布宣传稿真的不难。后来，他们果断按照我说的方法发布了那些宣传稿，但我依然觉得特别遗憾。因为这件事最大的问题在于，这家企业虽然成功地把宣传稿发到了200家网络平台，但实际的效果并不好。

这家企业的老板关心的问题是如何物美价廉地多发一些媒体渠道，他认为这样比较有效。跟他秉持同样观念的管理者应该有很多。但互联网时代的传播逻辑并不是这样的。发布的渠道多，效果不一定就好。网络和电视、纸媒不一样，用发布的数量来判断最终的传播效果有时候并不准确。

误区二：只要用心做好产品，就一定能获得好口碑

曾有一个投资方邀请我去考察一家做得非常好的民营企业。这家企业当时准备上市，如果能成功，市值可能就会过千亿。去之前我想，我应该会和这家企业交流得很好，因为其很多产品在网上很受欢迎，传播的理念想来不会太差。但在和高管聊完之后，我对他们的公关理念产生了担忧。

在准备上市的这个关口，企业亟须做好对网络舆论危机的防御。但他们却什么都没做，也完全意识不到正在袭来的各种风险。相反，对完全不构成实质性威胁的传播动作，他们却如临大敌。此外，他们一直强调，他们是产品极致主义者，相信只要把产品做好了，就一定能赢得消费者的口碑。

产品至上固然是企业应当秉持的理念。但是，谣言也是很有力量的，有了网络，谣言的数量和传播速度更是呈几何级增长。

在网络舆论危机的防御上，最忌讳的就是把小事当大事，把大事当小事。因为对企业而言，网络舆论危机并非一定基于事实产生，最大的风险来自舆论风暴。

网络舆论一旦形成，如洪水猛兽，任何一家企业都可能瞬间被拖入舆论风暴。如果对潜在的巨大传播风险毫无感知，那么一家企业即使在产品面、事实面做得非常好，也会有口碑急转直下的风险。

所以，企业提前明确在哪些问题上可能产生舆论风暴、谁可能制造舆论风暴，知己知彼，才是网络舆论危机防御的头等大事。破除内部视角的产品极致论，回到外部视角，回到消费者视角，感知自己的优劣势，是很多企业家的必修课。

误区三：只要广告投入多，企业的销售业绩和口碑就会好

我还拜访过另外一家很知名的企业。交流过程中，他们的品牌高管告诉我，当年他们请了一家在业界颇有声誉的智库，按照这家智库提供的服务，他们对传统广告投入了很多，结果却从行业第一跌出了行业前三。

为什么会有这样的悲剧发生呢？因为传播逻辑变了。传统的传播逻辑已不适用于如今的传播应用场景。我们可以想一想，今天有几个企业的产品知名度是靠广告打出来的？

我服务过一家餐饮企业。2020年，我是他们的公关战略顾问，当时他们只花费200元开了一场战略发布会，就迅速引发全网关注。他们很少打广告，但在品牌出圈上成为业界翘楚。

我必须把自己积累的方法论分享出来，从而帮助更多企业降低和全社会的沟通成本，让企业家、管理者能够迅速找到低成本、高效率的互联网时代传播方法。

重塑传播逻辑的三大好处

今天，大家都希望升级传播方法论、重塑传播逻辑，找到互联网时代企业品牌出圈、网络舆论危机防御的最有效策略。针对这样的需求，本书能为大家提供的帮助主要体现在以下三方面。

好处一：淘汰既浪费时间、金钱又落后无效的传播手段

今天，互联网深刻影响了中国社会，每家企业都置身于互联网的洪流中。有了互联网之后，企业在竞争维度到底发生了哪些变化？对于品牌领域的竞争和变化，现在的企业跟得上吗？

一旦企业的水平无法匹配自己置身的商业环境，即便是数一数二的行业老大，也可能会突然跌入万劫不复的深渊。苏宁、国美都曾是一时的商业王者，今天的处境却不尽如人意。

互联网的出现使传播逻辑发生了深刻变化。用老手段做传播，真的是既浪费时间和金钱，又没有效果。工业时代，最简单的企业传播手段的确是打广告，但今天，互联网才是更有效的信息生产工具，企业必须探索全新的、有效的传播方法。因此，本书会详细剖析传播领域有哪些必须淘汰的落后生产力，也会探讨如何与时俱进地升级传播思维，让企业在宣传中少花冤枉钱、少走冤枉路。

好处二：掌握一套刷屏级的公关方法论

信息爆炸使智能手机成为人们获取信息的主要渠道。正如前文所说，信息在朋友圈刷屏，才能让绝大多数人感知到，并形成信息的聚焦。

今天，要想通过户外广告引爆品牌是非常难的，即便是分众传媒这类曾经特别高效的媒介渠道，也是如此。这些传统的媒介渠道对品牌的护航价值远大于引爆价值。毕竟，信息聚焦的核心已经从传统的媒介渠道转移到朋友圈。热搜、同步弹窗等也有聚焦的势能，但和朋友圈比起来，势能较弱，因此最好的信息聚焦方式是朋友圈刷屏。

只有刷屏，才能在短时间内强化和改变大众的认知。具体的方法和手段，我都会在后文中详细介绍。

好处三：收获一套面对舆论海啸时转危为安的方法论，以备不时之需

有效的公关传播能产生两种特别重要的效果。一是前文提到的，让一个声音击破圈层，成为社会共识，这源于刷屏的力量；二是一旦企业遇到舆论海啸，即重大舆论危机，就能通过有效的公关转危为安、化险为夷。

当企业遇到舆论海啸时，企业形象可能会一落千丈。如何才能转危为机，在遭遇舆论暴力的时候进退得法，不手忙脚乱呢？

前 言　突破圈层，成为刷屏的力量

众所周知，腾讯是互联网巨头，但马化腾在总结自己的经验时这样说道："经历了这些危机和转型之后，我有个较大的感悟，就是移动互联网时代，一个企业表面看似牢不可破，其实都有大的危机，稍微把握不住这个社会的趋势，就会非常危险，之前积累的东西就很可能灰飞烟灭。"

危机无处不在，每个人都可能引爆危机性舆论，进而让企业多年积累的声誉毁于一旦。大众并没有能力还原真相，一旦他们对虚假的信息信以为真，企业就会遭遇飞来横祸。

比如一些奶制品企业，在经历舆论风波后，一有相关负面信息或谣言，大众就容易相信，即使企业辟谣，大众也很少买账。对企业来说，只做好产品并不够，还需要知道如何甄别信息爆炸时代的潜在危机，在危机信息爆炸的节点还原真相，迅速抚平大众的情绪，转危为机。

我将在本书中详细介绍，新媒体时代的企业应该如何做好危机公关，如何让事实面没有问题的企业在面对重大网络谣言和竞争对手的攻击时，攻防有术、转危为安，而不再进退失据。那么，这本书适合哪些人看呢？

一是企业管理者。今天，面向消费者的竞争，主要是认知的竞争。如何在消费者头脑中占据优势位置，让消费者喜欢你的企业的产品呢？这就需要企业有自己的"成名作"、自己的品牌。

进一步来说，如何才能让企业和品牌在喧嚣的舆论场中脱颖而出、一战成名呢？五菱宏光的"地摊神车"图片一经发布，就迅速刷屏，这不是偶然，其背后有着很成熟的方法论，只要搞清楚这个方法论，我们也可能复制这样的成功。

另外，如果企业投放了巨额广告，却没有起到多大作用，那么是不是需要重新调整预算呢？对于这些问题，本书都会有针对性的回答。

二是企业品牌建设的负责人。户外广告、电视媒介对品牌建设的影响都太微弱了，但选择网络平台来开拓企业的品牌知名度时，常常又很难赶上流量红利。对企业品牌建设的负责人而言，如何才能用好网络，通过有效的手段进行传播、塑造品牌，是最大的挑战。本书会从本质上来探讨这些问题，帮助企业解答品牌建设中的许多疑问。

三是网络传播爱好者。未来有志于从事相关工作，或者对网络传播逻辑的变化以及相关方法论感兴趣的读者，可以在本书中了解到大量针对网络传播逻辑的变化所提出的新的传播方法论。

与专门讲传播、营销理论的老师不同，我在书中所写的思维方法、传播理论，以及在此基础上形成的几大方法论，全部都源于我 20 多年的实践经验，以及我扎根互联网这么多年来对行业现状的洞察和思考。所以，它们非常适合一线企业管理者去研究应用。

我希望能成为互联网时代战略公关传播的布道者。我一直认为，互联网时代传播的生产工具比工业时代传播的生产工具先进许多倍。不过，信息生产领域的生产力虽然呈现爆炸态势，但在传播的生产关系上调整得还不到位。

我非常真诚地邀请你阅读这本公关传播的新作,并由衷地希望能和更多聪明和富有进取心的管理者一起成长,探索新的传播方法论,赋能未来,赋能全社会!

目 录

引 言　互联网时代，传播的底层逻辑之变　　　　　　　　001

第一部分
如何才能刷屏出圈

第 1 章　最好的传播是不胫而走　　　　　　　　　　　013
　　● 三个必备的底层观念

　　　　树立正确的价值观，做好人做好事　　　　　　　015
　　　　找到公众参与传播的优越感　　　　　　　　　　024
　　　　满足公众参与传播的娱乐精神　　　　　　　　　030

第 2 章　引导舆论的预期方向　　　　　　　　　　037
● 三大引爆路径

路径一：快速找到并对准传播靶心　　　　　　　　039
路径二：确定爆品事件及核心文案的写作逻辑　　　046
路径三：规范爆品文案的传播轨迹，定向引爆　　　055

第 3 章　练好传播的守正基本功　　　　　　　　　065
● 四维有效宣传

内容：针对传播特点，优化标题及内容表达　　　　067
媒介：洞察内容价值和生态，差异化运营　　　　　074
社交平台：把握平台传播逻辑，制造热点　　　　　080
搜索：洞察平台搜索价值和生态，打通信息扩散渠道　088

第二部分
如何有效应对舆论危机

第 4 章　舆论博弈需要战斗观念　　　　　　　　　103
● 六步法高效研判网络舆情

第一步：明确对象，分清引发危机的叙事主体　　　105
第二步：厘清原因，分析叙事目的　　　　　　　　112
第三步：看懂路径，梳理传播渠道　　　　　　　　118

第四步：了解内容，判断信息切面　　　　　　　125
　　　第五步：观察大众的反应，梳理不同反馈　　　　134
　　　第六步：研判局势，确定风险与传播拐点　　　　141

第 5 章　以最快的速度掌握主动权　　　　　　　　149
● 应对舆论海啸的三连击

　　　抓住舆论窗口期，快速制定应对策略　　　　　　151
　　　找准叙事立场，三步实现精准反击　　　　　　　160
　　　扩大正面信息声量，形成舆论拉锯战　　　　　　166

第 6 章　一般危机不可小觑　　　　　　　　　　　　175
● 三种常规应对手段

　　　对外舆情沟通，必须掌握四大回应技巧　　　　　177
　　　让第三方发声成为舆论转折的关键　　　　　　　186
　　　善用法律手段，维护企业的基本权益　　　　　　192

参考文献　　　　　　　　　　　　　　　　　　　　　203
后　记　网络必将重构企业的品牌策略和销售策略　　　205

引 言

互联网时代,传播的底层逻辑之变

声音只有上网
且渠道相通,
才有办法
汇聚成"江河湖海",
舆论才有办法
汹涌澎湃。

很多企业的传播都会陷入跟风的误区：门户网站火，就到门户网站去做传播；微博火，就做微博运营；微信火，就做微信运营；短视频火，又去运营快手、抖音短视频。但大多数效果都不理想。这是为什么？我认为，最主要的原因是传播的底层逻辑发生了改变。很多企业如果跟着风口进行新媒体传播，"知其然，不知其所以然"，还是在用传统的思维做互联网传播，失败就在所难免。

信息生产工具发生改变

生产工具的改变会极大地改变生产力。对信息生产而言，互联网，尤其是移动互联网的出现，让信息生产好比从冷兵器时代进入了热兵器时代。

冷兵器时代，人们主要是用刀剑战斗，要想成为高手，需要非常努力。但再好的冷兵器，战斗力都不如热兵器。用刀剑战斗和用枪炮战斗完全不可相提并论。

移动互联网时代的智能手机高度普及，每个人都有，大众能用它生产信息，于是很快迎来了一个信息爆炸的时代。信息爆炸直接导致四个必须正视的问题：

- **信息海量**。例如，快手等网络平台一天的短视频发布量可以达到千万级别。
- **信息传播速度呈几何级增长**。理论上，每个人都可以将信息传播到全世界。以前信息传播必须通过传统的渠道，是因为缺少人与人的联结，形成公众影响力需要很久。现在的信息传播速度已经不能同往日而语。
- **互联网成为信息传播的主渠道**。从个人电脑（pc）端到移动互联网，再到万物互联，信息传播的核心渠道不再是纸媒、电视、户外广告牌。互联网让每个人都成为信息传播渠道，但传统的发布方式并未跟随这一逻辑而变化。
- **大众接收信息时出现"短路"**。信息量大、传播速度快，让大众每天不得不被动接收大量信息，却缺少对信息的理性分析。一言以蔽之，在信息传播的过程中，大众的大脑往往是"短路"的。

信息生产工具升级带来了两大挑战。第一，如何打破在表达上的路径依赖，这种依赖的形成是由于传统的信息生产主体已经习惯了固化的表达方式；第二，在面对互联网时代的表达工具时，该从何下手，以及该如何准确把握规律。这两个挑战带来的最重要的影响就是，很多人并没有跟随信息生产工具的升级释放自己的表达权，依然不知道新媒体的创作逻辑，他们只是在形式上使用了新媒体，但表达的方法依然很落后。

我们必须非常清醒地看到，传统媒体是工业时代的产物，而现在已经进入了信息时代，企业必须认清这个不可逆转的大势。如今，所有媒介、渠道、平台发出的声音，最后都会在网上汇集，那是一个万涓成河的场景。声音只要不上网，就没有办法汇聚成"江河湖海"，舆论就不会汹涌、不会澎湃；声音如果不相通，所有的渠道就都发挥不出巨大的威力。所以，今天企业要依托这样的逻辑去感受媒介、渠道的变化，在这样的场景里对自己的常规传播动作做出调整。

话语权主体的改变

移动互联网的普及和社交媒体的兴起，使网络流量不断下沉，话语权的主体也变成了大众。近年来，互联网不仅使大众的声音突然放大，还打破了发声的格局，重塑了不同主体的话语权。大众话语权日益崛起，谁能生产大众的话语体系，谁就能获取流量，并不断按下传播的"核按钮"。

声音的每一种改变都可能带来巨大的利益变化。在争夺网络话语权、流量以及关注度等各种显性、隐性利益的驱动下，突发、偶发的刷屏声音越来越多。就比如，有些"大V"质疑某知名企业贱卖国有资产、高管上亿高薪，是"穷庙富方丈"等，引发了一波又一波舆论海啸。深谙舆论生态的"大V"往往能打出一系列正中人心的连环炮。大部分沉默者对资本的仇恨，迅速强化了这些言论，对这家知名企业形成了舆论围剿之势。

近些年，因为不谙网络舆论生态，不懂网络媒体的传播逻辑，一些知名企业在舆论场的日子的确步履维艰，"一方有难，八方点赞"的戏谑之语常常成为一个佐证。一些知名企业在舆论场上遭受的"洪水滔天"，往往是长期以来忽视网络舆论规律的后果的集中爆发。按理说，知名企业很强大，"大V"不过是个体。但在舆论场中，深谙游戏规则和人性人心的个体足以借助合适的议题，召唤出追随自己的千军万马，让一个看似比自己强大无数倍的企业瞬间倾覆。这样的案例越来越多了。

具体地讲，打出连环炮的方法就是知道如何在对方最弱的地方发起攻击，并设计于己有利的议题；知道如何选择容易发起舆论进攻的平台，并最终形成全网热议的话题，吸引到平台自发供给的流量；知道如何创造进攻的话术弹药，扩大进攻的朋友圈，瓦解舆论防御阵地；知道如何用道德旗帜召唤大众跟随自己，最终将一个人、一件事符号化、标签化。

比如骑手因差评杀人的事件，在传播初期，主要是大众进入议题。第一波议题仅仅提出"饶人论"，得饶人处且饶人的说法占据了舆论上风。这样的议题没有"大V"介入，事件的讨论仅仅被界定在人情层面。骑手杀人事件上热搜后，饶人论这个议题迅速被瓦解，"人命关天论"和"美化加害者论"迅速占据上风。有很大部分原因是，热搜引发"大V"关注，"大V"的介入马上击穿了饶人论。可见，随着不同的人加入，议题一定会变化，事情的节奏是可以被"大V"改变的。

引 言　互联网时代，传播的底层逻辑之变

在新媒体时代的舆论场中，人人都可以是信息输出者。只要熟悉话语节奏的运转法则，人人都可以变成"大V"。这正是我强调过无数次的当下舆论场的信息图景。很多知名企业口碑崩坏，表象上来看是各种人为的失言、错误与沟通不及时，但抛开大环境，仅就传播的技术环境来看，这与互联网造就的弱势群体话语权的胜利这个结果息息相关。

移动互联网时代，弱势群体的注意力往往集中在为他们说话的人身上，由此形成了一个巨大的声音市场。可以说，这些人就是弱势群体的发言人。群体的利益诉求转化为公共声音时，人们往往缺乏对公共事务的认知能力。迎合弱势群体的发言人为了进入这个市场，当然是越简单粗暴越容易成功，这是由需求决定的。

移动互联网在某种程度上使知识在公共事务讨论中不再有价值。用知识进行讨论，需要学习，需要冷静，需要经验、格局、情怀和视野。用情绪进行讨论则不然，几乎只需要由利益诉求所塑造的最简单的立场。今天，弱势群体不用知识就能使自己的利益诉求变成公共声音，代言人市场又特别庞大。不得不说，话语权博弈变得对称了，但这可能是以失去理性、规则和长远规划为代价的。

面对这个舆论的基本盘，很多企业在公关上都存在严重的问题。今天，信息的生产流程变了，仅仅用媒体公关的方式去处理问题显然不够。在全新的话语生态下，如何让企业的价值观赢得大众的支持和理解，成了重要的课题。在这样的视角下，对知名企业来说，调整企业文化，调整赢得大众支持的事实面，包括价值观向弱势群体倾斜，就更重要了。

互联网改变了传播生态，企业和企业家的信息都是透明的。置身在已经改变的传播生态圈里，企业现在太应该做舆论"体检"了。自媒体掀起舆论海啸的案例不胜枚举，等问题出现了再急救，往往会仓皇失措、顾此失彼。

信息接收端的改变

今天，大众获取信息的方式彻底被颠覆了。信息接收端发生了三个变化：

- 信息的接收群体不再是"沉默的大多数"；
- 群体极化日趋明显；
- 高质量的理性声音在大众舆论空间中流通时充满不确定性。

由于信息接收端的改变，现在参与舆论场的群体更多，群体极化也更加明显，所以在对信息和事件的判断与表达中，网络上对与错的判断依据不再是真相，而是日渐演变为：哪方人多，哪方就是对的。

在信息接收端，只要掌握了这些规律，就能操控舆论。在海量信息的轰炸下，越来越多的人没有时间进行理性分析。不仅如此，科技和社会的发展的确已经把我们带入了"后真相时代"。后真相时代有三个最重要的特性：

- 社会发展具有高度不确定性，权威被消解；

- 信息技术的飞速进步让人越来越惰于记忆与思考；
- 注意力经济模式下，争夺流量的过程会让有些媒体不惜牺牲真相以迎合大众。

在信息生产端，生产和加工信息的人会越来越不理性，这会让大众丧失对信息的判断能力。

主体多元、目的多元，会让一个事件呈现多元的叙事结构。其中，就可能产生不同版本的谣言。利益相关方到底传播什么对涉事主体更有价值？也就是说，价值传播点是什么？它是传播过程中更聚焦、更能刺激大众判断是非的关键节点。所以企业要想通过信息传播达到目的，就要洞察其中的规律，在看透本质的前提下把握关键节点，才能事半功倍！

信息发出后可以得到及时的反馈，这让内容生产变成了一种集体创作，创作就是反馈，反馈就是创作。同时，网络的连接让所有参与者都变成了可数据化呈现的形态。这时，即便是一种简单的用户行为，只要形成一种规模，也会深刻地影响传播力度。今天，判断企业传播做得好不好，特别重要的一点就是看生产的内容在网络平台上得到了多少反馈。

基于无处不在、无时不在、无人不看的信息图景，公关实际上只有两个维度，即信息输出和公众接收信息后的反应。要做好公关，就必须熟悉大众的反应。熟悉大众的反应，需要熟悉人和信息的基础逻辑。企业应该了解大众脑海中积蓄的模式化信息，对大众已经存储的模式化信息进行画像。

其实，大众在消费热点信息上的反应是有规律可循的。一则信息引爆后，大众最终会产生什么样的反应，取决于他们最后使用了什么样的信息处理方式。常见的信息处理方式主要有六个：利用情绪、利用记忆、利用想象，以及进行专业判断、事实判断和是非判断。大多数人在消费热点信息的时候，主要使用了情绪判断、记忆判断、想象判断和是非判断四种方式，而缺少对信息的专业判断和事实判断。从使用这些方式的排序来看，在所有信息处理方式中，情绪判断是最常用且最快速的。记忆通常和人的情绪息息相关，是情绪决定了人们希望记住哪些细节。

所以，只有基于这类群体的特性，企业才能更清楚地看到传播规律发生的本质变化：以前信息传播竞争的是内容及其深刻性和品质，现在竞争的是情绪。某个事件打中情绪点时，就具备了指数级的传播效率。只有洞察其中的变化，才有可能理解当下的传播逻辑。

一条信息被生产出来，每个人都可以，也都愿意为这条信息接力，比如转发、评论、点赞，这就有可能促成刷屏。刷屏本质上是在寻找通往大众内心的渠道，通过情绪的共振与大众建立深度联结。对被信息洪流裹挟的大众而言，情绪放大器淹没了理性的判断力，处于情绪之中的人很容易被"带节奏"。对企业而言，发一些不痛不痒的内容在传播竞争中是起不到什么效果的，是非常失败的。

要适应互联网的传播手段，就要从大众的心智规律入手，依据自身的道德优势，在传播竞争中一战成名。

第一部分

如何才能刷屏出圈

导读

本书第一部分主要介绍了如何才能刷屏出圈，旨在帮助你摆脱传统公关理论的桎梏，将深奥的系统知识精练为"3+3+4"的落地方法论，即三个底层观念、三大引爆路径和四维有效宣传。这个方法论以前沿理论为指导，对众多大型品牌案例的出圈路径进行了像素级的分析，是我经过反复思考与检验、让品牌出圈的独门心法。

第 1 章

最好的传播是不胫而走
三个必备的底层观念

传播做得再好，
也要基于正确的价值观，
因为这是企业的立身之本。

第 1 章　最好的传播是不胫而走
三个必备的底层观念

企业必须将自身信息、形象和价值观有效地传达给公众，才能让公众对自己有更多了解，甚至给予更多支持。在这个过程中，企业必须遵循三个底层观念：树立正确的价值观，做好人做好事；找到公众参与传播的优越感；满足公众参与传播的娱乐精神。这些观念对赢得公众认同、促进公众自发参与传播至关重要。

树立正确的价值观，做好人做好事

企业要想引爆品牌，平时的功课其实更重要。正所谓，学诗，功夫往往在诗外。平时的功课，不仅仅是指如何传播，更重要的是指如何让企业在传播的事实面变得可圈可点。所谓传播的事实面，就是有哪些素材是有传播价值的，但这些素材还没有被深度加工。要想让企业在传播的事实面变得可圈可点，就需要树立正确的价值观，并持之以恒。

正确的价值观对企业至关重要

谈到价值观,有些朋友可能会觉得,是不是太虚了,这跟引爆品牌有关系吗?这个世界是辩证的,虚实相应、好坏相应,是既对立又统一的。价值观看不见、摸不着,但企业家的想法是一定会反映到企业自身的文化中的。一家企业的文化,基本就是一个企业家的价值观的体现。

曾有新闻曝光一家规模颇大的企业长期存在不良的破冰文化,引发了一场舆论的轩然大波。事情的真假我们无从得知,但如果一家企业热衷于推广这种不良文化,那么其价值观一定有问题,这种问题早晚有一天会让该企业受到媒体和大众的批判、鄙弃。

正所谓,得道多助,失道寡助,正确的价值观对每个人来说都特别重要,对企业来说也是一样,大家都愿意和诚信的企业打交道,和有责任担当的企业打交道。如果想越过底线走捷径,那么毫无例外,没有一家企业能通过这种手段做大做强。

企业要打造自己的品牌,就必须树立正确的价值观。拥有正确的价值观,才能保证企业在运转的过程中,放弃一些蝇头小利,使产品端、销售端和品牌传播端互相匹配。

依靠偷工减料的产品无法打造出品牌,依靠长袖善舞的销售伎俩也总有被识破的一天,传播做得再好,也需要用户体验。如果用户在传播端相信了产品宣传,然后使用了产品,结果发现宣传和产品大相径庭,那么这会极大地损害企业在用户心中的形象。如果企业想要打造好的品牌，就需要将用户认知和事实匹配起来。

好人好事有长期性

企业家讲诚信、敢担当，更容易博得美名，企业也是如此，产品也是如此。所以，想引爆品牌，平时良好声誉的积累很重要。总体来看，"好事传千里"的背后，实际上是默默深耕、持之以恒。

好人好事是需要积累的。平时劣迹斑斑的人突然就变成一个好人，做了一件大好事，这很难让人相信。相反，一个人也好，一家企业也好，如果总是默默地做很多好人好事，还不声张，当被人发现并进入公共舆论场时，以前积累的好人好事越多，就会越让人觉得难得，越让人心生敬佩。

例如，多年来，华为默默耕耘，凭借过硬的技术在世界通信领域站稳脚跟。华为从前都是低调做事，近年来忽然出圈、人人夸赞，成为民族品牌的骄傲。这看起来似乎是一夜之间的事，但实际上，如果没有华为多年来持续的积累，就算暂时出圈，也难以得到口口相传的好口碑。

华为是一家既有硬实力，又有软情怀的民族企业，这种形象已经成为人们心中的一个标签。近年来，大众对于民族情怀尤为看重。华为多年来在科技领域的深耕，也为我国科技发展奠定了深厚的基础，并成为可以出征海外的民族品牌。

强势出圈

华为官网数据显示，2022年其研发费用支出为1 615亿元人民币，占全年收入的25.1%。欧盟委员会公布的报告显示，华为2023年的研发投入排名稳居全球第五、中国第一。华为在出圈之后，这些多年来积累的事实面数据，成为其"低调""爱国"等标签强有力的证明和支撑。

另外，华为在关怀和照顾特殊群体方面展现了浓厚的人文情怀。因为科技产品迭代很快，大部分企业主要迎合主流用户，所以导致少数群体刚性且特殊的需求往往被科技厂商忽视。但华为在这方面做得就很好。

2017年，华为与深圳市信息无障碍研究会联合研发的新系统经过全面且专业的信息无障碍优化升级，最终与用户见面。这次系统升级，历经3 600小时的开发、7 000次的联合测试，不仅对用户多样化的体验做了优化，而且带动更多手机厂商开始关注特殊人群的需求。

此后，华为智能手机不断覆盖多种无障碍功能，比如视障人士可用的屏幕朗读功能，适合色盲或色弱人群的色彩校正功能，低视力群体可用的助视器软件，听障人群可用的无线传声功能、手语阅读应用，老年人群体可用的简易模式、陪伴式指引、共享屏幕，以及能有效引导低龄儿童使用手机的"健康使用手机"模式，等等。

多年来，华为与多家医疗机构合作，研发出了智能医疗终端，帮助许多患有眼疾的儿童尽早得到了诊断。《华为终端可持续发展报告（2022—2023）》显示，2022—2023年，华为联合全国100多家聋人和盲人协会，在全国30个省、44个城市举办了150多场华为无障碍功能体验活动，为

3 000 多名残障人士提供专门培训，帮助他们更好地使用科技产品。此外，针对广大老年用户，华为提供了专业讲师面对面讲授用机知识的课程，涵盖用户可在全国 5 000 多家授权体验店预约和学习课程，2022 年累计开展课程超过 3.08 万场。

这些基于商业的对不同群体的人文关怀，同样是长期积累下来、无可争议的事实面，它们成为赢得用户好感的价值点。深究起来，华为这些行动的背后是企业厚重的文化底蕴，是一以贯之的浓厚的人文关怀。这种文化落实到具体行动上，必然会沉淀为企业的长期行为。华为在出圈之后赢得稳固的口碑可谓水到渠成。

反观两个一直处于冲突中的凉茶品牌，则是另一番光景。

当年，以一句"怕上火，喝王老吉"直击消费者痛点的凉茶老大王老吉，凭借高超的营销手段迅速打开了市场，一度达到垄断的地步。大家去火锅店，不点一罐王老吉，都有点落伍的感觉。

在餐饮的终端，王老吉更是做到了极致。从消费者进入饭店前看到的门口的吊旗、展示架、广告牌，到进入饭店后餐桌上的餐巾纸、牙签，甚至点餐用的菜单等，每一个元素都被王老吉"承包"了。如此动作之下，王老吉在终端可以说没有竞争对手。

然而，如日中天的王老吉却因与加多宝的商标之争，陷入了旷日持久的官司大战。在公众看来，因争夺商标而起的冲突坐实了企业"只为利益而不考虑社会资源"的形象，众人围观，媒体也加以批判。有行业专家表示，作为凉茶饮料的两大巨头品牌，王老吉与加多宝的纷争是对品牌资源和社会资源的无谓内耗，更影响了凉茶作为我国特色民族饮料走向世界。

王老吉火了一时，最后却广受非议，成为人们茶余饭后的八卦谈资，可谓得不偿失。

从传播学角度来看，通过好人好事成就品牌价值不是一朝一夕的事，很多品牌看似一朝崛起，实际上是厚积薄发。

好人好事有爆发性

常言道，好事不出门，坏事传千里。自古以来，坏事的传播效果都特别明显。比如有段时间，有大量艺人人设崩塌的消息通过社交媒体传播，且范围很广。

对企业而言，越是坏事，在应对的过程中就越需要好人好事，而因为好人和坏事的关联很紧密，企业自然也可以借助坏事的传播动力，成功出圈。尤其是在社交网络上，坏事更容易引起大的社会关注，而面对坏事好人挺身而出也更容易引起大的社会反响。

鸿星尔克为郑州"7·20"特大暴雨灾害捐款就是一个典型案例。这件事的传播动力很大，最击中人心的是其中巨大的反差感。

第 1 章 最好的传播是不胫而走
三个必备的底层观念

2021 年 7 月 21 日，鸿星尔克向河南灾区捐赠了 5 000 万元物资。自灾害发生以来，捐款捐物的企业很多，但是为什么偏偏鸿星尔克受到如此大的关注？一是因为大家了解到这家企业 2020 年亏损了 2.2 亿元，在生意不好的同时还要保证员工薪资的正常发放和现金流，甚至默默捐了 5 000 万元物资，真的是诚意至极。二是因为鸿星尔克一直低调做公益、做慈善，在扶贫、抗疫物资捐赠、"新疆棉"等事件中都有出力，只是没有大力宣传，因此之前没有大的反响。

这场由捐赠引发的热潮，让鸿星尔克在短短几天内被推上了前所未有的舆论巅峰。中国上市公司舆情中心的监测数据显示，鸿星尔克捐赠物资后一周，相关舆情文章达 39 684 篇，其中中性及正面舆情占比为 75%。

大批消费者涌向鸿星尔克的网店及实体店，引起"野性消费"，这令鸿星尔克的销售额连翻数十倍，甚至出现库存告急的情况。

现在，我们再从企业的价值观，以及做实事、做好事的角度，认真理一理这件事。鸿星尔克忽然火起来，就是做好事的爆发性和长期性相结合的一个典型。

当下的舆论场，对各种营销行为的质疑声越来越多，只要出现一个火爆出圈的事件，大众的第一反应往往就是：这背后是不是有营销团队的操作？但鸿星尔克之所以能得到持续的信任，恰恰是公众认为这个品牌做的公益是长期性的。鸿星尔克火了之后，很快就有网友去挖它以前做的事情，当然，有些人可能是为了找到更多事实来证明这家企业很好，而有些人也许就是想要从中发现企业的漏洞。挖到最后，网友发现，这早已不是鸿星尔克第一次默默地做好事了。

2008年汶川地震，鸿星尔克捐款600万元以及大量物资，用于抗震救灾。

2013年，鸿星尔克与福建省残疾人福利基金会携手，捐赠了超过2 500万元的爱心物资。

2018年5月1日，鸿星尔克捐赠了价值6 000万元的服装，以改善贫困残疾人及其家庭的生活条件。

2019年，鸿星尔克向中国残疾人联合会捐款1亿元。

2021年1月，新冠肺炎疫情期间，鸿星尔克捐赠了约1 000万元物资，其中包括口罩、消毒液、防寒服等有助于疫情控制的物资，之后又捐赠了1亿元物资用于扶贫助残。

2021年上半年，"新疆棉"事件发生后，鸿星尔克第一时间发表声明，大力支持新疆棉。

这样的长期公益行为可谓是最大的底气，也使大家更坚定了对这个品牌的信心。

暴雨灾害是坏事，救灾则需要好人。在"7·20"暴雨灾害中，包括蜜雪冰城、汇源、贵人鸟、老乡鸡等企业，都因为做了好事，成为公众心中有担当的民族企业，并广受欢迎。鸿星尔克也好，其他企业也罢，都成了应对坏事的"好人"。

第 1 章 最好的传播是不胫而走
三个必备的底层观念

为什么借助坏事能够传播好人好事呢？因为，在信息爆炸时代，人们在信息的接收上日渐麻木。但人们天生有猎奇的本能，负面事件恰好能激发这种本能，所以就能引发更主动的关注、传播和讨论，且影响时间更持久。

无论是大到灾难级别的事件，还是小到个人级别的事件，都能引发人们的揪心一刻。在此时做了好事的企业或者个人，能很快抓住人们的注意力，达到迅速传播的效果。

2020 年，贺岁档电影全部撤档。其中，徐峥"囧系列"的最新电影《囧妈》在各大平台上线，宣布请大家免费在线上观看。

此举一出，"吃瓜"群众纷纷点赞，不少网友在网上喊话："徐峥，欠你的电影票会还的！"随后，电影主要出品方的股票大涨 43%。

可见，在坏事发生时，做好人好事更能吸引人们的关注。都说好事不出门，坏事传千里。但只要价值观够正，能在危难时刻显身手，好人好事就有了跟坏事同等的传播动力，比单纯的正面事件的传播效果好得多。

在信息的洪流中，正确的价值观是企业的立身之本。好人好事的传播效应不是一蹴而就的，是需要积累的。看起来是一夜之间的崛起，其背后往往是多年来的积累。这些积累成为企业强有力的支撑，让企业和品牌在事实面上变得可圈可点，在关键节点或危机突至时，能抵挡负面舆论的攻击。因此，企业的管理者树立正确的价值观，对企业长期的生存和发展至关重要。

找到公众参与传播的优越感

社交媒体时代,最好的传播方式往往是不胫而走。大众会主动寻找自己愿意看、愿意分享、愿意吐槽的信息。要触发公众参与信息传播的动力,既可以利用严肃的场景,又可以利用轻松的场景。前者意味着激发大众的优越感,后者意味着激发大众的娱乐精神。所谓"无优越感不传播",善用"优越感制造器"可以算是热传播时代的窍门之一。

越优越越容易获得话语权

在我看来,优越感其实近乎一种人的本能,在人性深处,每个人都有自认为很值得骄傲的东西,将这种骄傲有意无意地表现出来,就是优越感。

虽说"满招损,谦受益",但很多人还是会时不时表现出优越感。不同的群体,不同的人,"优越"的方式不一样,"优越"的维度不一样,优越感的表现形式自然也各不相同。

表现优越感需要借助一些外显的表达符号,比如言行、文字。通过言行表现出来的优越感很直接。言语是通过听觉接收的,行为是通过视觉接收的。早期人类表现优越感的范围很小,优越感主要是在部落群体中存在,因为大家聚居在一起,才能相互听见、看见。但有了文字之后,表现优越感的方式就非常丰富了，因为文字可以跨越时空传递很多信息。此外，文字还可以使人的思想独立。人在和文字打交道的时候，会通过思考衍生出各种思想，进而产生代表文明的行为，这些都能承载跨越时空的优越感。

比如，文天祥曾经写出"人生自古谁无死，留取丹心照汗青"这样的诗句。丹心，这份对民族的热忱，这份超越了小家、小我，为了民族而牺牲的大义，就是通过诗句传播开来的。生命会消逝，但这份经由生命产生的思想和情感，经过诗歌这样的文字载体，能够流传千古。

反过来想，正是因为生命终会消逝，人才会更加追求生命的质量。这种对生命质量的需求，落在每个个体身上，就需要以某种优越感表现出来。所以，我们喜欢向别人展示某种优越感，其实是一种近乎本能的诉求。

在群体生活中，只有当你表现得优越时，才更容易获得群体的认可，才越有机会获得更多群体的资源，获得话语权。所以有时候，人们表现得很优越不仅是一种本能，还是一种需求。这样的需求使每个人都要从优越感上做文章。于是，人们挖空心思找到自己的优越感，并创造各种机会去展示。无意识也好，有意识也罢，展示优越感，都是在试图获得更多的群体资源，这可能是人类从古至今掌握的一种很有效的生存策略。

优越感的两种表现形式

优越感的表现形式很多，我把它归结为两种：一是内在优越感，二是外在优越感。

第一，内在优越感人人都有，而且有时候，人们是很难控制住对内在优越感的表达欲的。 有三种形式的内在优越感是人们经常会流露出来的，它们依次为道德优越感、智商优越感和文艺优越感。

第一种形式，即道德优越感，是最普遍的一种优越感，无论贫富贵贱，智商、学养如何，人人都可以拥有道德优越感。比如，心理学上有一个概念，叫罗宾汉情结，说的就是道德优越感。

罗宾汉（Robin Hood）是英国民间传说中的一位侠盗式人物。他武艺出众、机智勇敢，是一位劫富济贫、行侠仗义的英雄。在中国的"侠"文化中，也有很多罗宾汉式的人物形象，如《水浒传》中"路见不平一声吼"的绿林好汉，又如金庸武侠小说中的乔峰、郭靖、杨过、令狐冲等大侠。

心理学中通常将这种抑强扶弱的心理称为"罗宾汉情结"。这其实是一种人们普遍具有的心理，即只要涉及官民之间、贫富之间的冲突，人们往往就会不辨是非曲直，一边倒地站在弱势群体一方。很多时候，这种道德优越感既可以对坏人起到一定的震慑作用，也可以给好人以声援。

比如有网红炫富，人们对此忍无可忍，被激发出道德优越感，于是在网上声讨她。又比如，时代楷模、教师张桂梅赢得了很多赞誉，有关她的视频都能引发热议，因为对于这样的人，人们容易对其产生同理心，所以支持她、声援她。对负面事件的声讨和对正面事件的声援都是道德优越感的表现。

不过，有时候这种道德优越感会被人利用，因为弱者可能是被加工出来的，强者可能也是被加工出来的，人们所认同的道德观或价值观的表现，有时候可能是被精心策划的一个故事而已。

第二种形式，即智商优越感，它和道德优越感相比上了一个台阶。因为人们可能都会觉得自己很有道德优越感，却未必都会觉得自己有智商优越感。毕竟，现代社会，各个行业都是有分工的，无论人们想在哪个行业取得成功，都需要不断学习、积累经验。

正因为智商优越感的层级比道德优越感高了一级，但又不像文艺优越感那样看不见、摸不着，所以实际上，大众也是很愿意消费智商优越感的。比如很多人为了成为网红而不惜拍摄装傻视频，以满足大众的智商优越感，使视频具备了广泛传播的可能性。

在传播领域，智商优越感的典型例子就是凤姐。当年她出现在网络时，大部分人都是把她当作茶余饭后的笑料，这有意无意地满足了大众的智商优越感。

第三种形式，即文艺优越感，它相对来说比较奢侈，也是有更高消费能力的群体具备的优越感。比如，参加音乐会，你得有基本的音乐修养；参加美术展，你得有基本的美学修养。这些显然是更高的消费层次。在我看来，追求文艺的本质原因是物质条件的极大丰富，因为人们一定是在丰衣足食之后才愿意进行精神层面的消费。

那么，文艺优越感如何体现呢？文艺优越感最核心的体现，就在于孤独。鲁迅在散文诗集《野草》中表现出来的情感就是孤独。像梵高这样的画家，也是非常孤独的。

文艺优越感的典型例子，就是网络流行语"世界那么大，我想去看看"。这句话能走红，是有文艺优越感的群体心理支撑的。世界那么大，人那么小，这里面是有孤独元素的。想去看的人多，真去看的人少，这里面也是有孤独元素的。

另外，阿那亚社区中的"世界上最孤独的图书馆"，也因为其文艺的元素、孤独的元素都很丰富，满足了人们在朋友圈里展示文艺优越感的需求，才能火爆全网。

第二，外在优越感清晰可见，往往和人们的社会地位、收入、出身、穿戴、学历、长相、财富等有形特质直接相关，这些都可以是外在优越感的来源。

有一个例子非常能体现出身、收入、学历、财富等带来的外在优越感。在北上广等一线城市的公园相亲角，男男女女直接被其父母"明码标价"，户籍、房车、学历、收入成为相亲"四大金刚"。

值得一提的是，学历特别容易引发外在优越感。清华大学、北京大学作为国内顶尖学府，在大众的眼里自然代表着学历的第一梯队。其他"985"院校组成了大众眼里的第二梯队，依此类推。"985""211"院校毕业生的能力并不是绝对高的，但是他们的机遇比其他院校的毕业生的更多，这确实是不争的事实。2021年，清华大学录取通知书至少上了两次微博热搜，这是一个外在优越感特别明显的话题。

外在优越感的一个特点就是清晰可见，且更容易影响人。比如，有人总结女性的优越感时喜欢用"白富美"，总结男性的优越感时喜欢用"高富帅"，"白富美""高富帅"都是清晰可见的特点，强调的都是外在优越感。

外在优越感也可能是由内在优越感转化而来的。内在的优越只有被更多人看见、知道，才有可能转化为外在的优越。

很多人对外在优越感的需求很强烈，非常希望让人看见自己的优势，一定要将其展示出来。这就是企业在传播中可以应用的动力，也是引爆话题必须考虑的群体心理。在具体传播的过程中，到底如何运用不同的优越感来吸引大众认同，达到自发传播的效果呢？

我曾经和一个策划高手交流了一些案例。有些装疯卖傻的网红背后有操控者，这些操控者就是要造一个"傻瓜"给大众看。大众看到一个人"傻"成这样时，智商优越感和道德优越感都是非常强的，外在优越感也是非常强的，都想教育教育这类网红，让他们清醒起来、正常起来。

所以，单纯从优越感的角度考虑大众自发传播的动力，就要找到这些激发优越感的元素，这些元素是群体对个体的潜意识的比较冲动。好坏优劣都是比出来的。群体就是大众，个体就是某个热点事件的当事人。当事人的言行举止和大众的预期产生巨大冲突时，大众能够植入多种类型的优越感，大众自发传播的动力就有保证了。

满足公众参与传播的娱乐精神

社交媒体时代，信息传播的动力既存在于严肃的场景中，也存在于轻松的场景中。人们表现自己的优越感时，信息传播的场景通常是严肃的；而娱乐信息通常能在轻松的场景中引发传播动力，还能保证传播效果。

娱乐信息之所以能占据传播主流，并且能激发大众参与传播的热情，主要有两方面原因：第一是媒介不断升级，让大众接触和传播信息变得越来越容易；第二就是人们喜欢看热闹的心理。因此，让看热闹的"吃瓜"群众把舞台放大，企业才能在舞台上掌握更多话语权，释放对企业有益的声音。

媒介的升级让娱乐信息成为传播主流

著名的媒体文化研究者和批评家尼尔·波兹曼（Neil Postman）曾经在其著作《娱乐至死》（*Amusing Ourselves to Death*）中这样写道：印刷术时代步入没落，而电视时代蒸蒸日上；电视改变了大众话语的内容和意义；政治、宗教、教育和任何其他公共事务领域的内容，都不可避免地被电视的表达方式重新定义。电视的一般表达方式是娱乐。很多公众话语都日渐以娱乐的方式出现，并成为一种文化精神。很多文化内容都心甘情愿地成为娱乐的附庸，而且毫无怨言，甚至无声无息。最后波兹曼得出的结论是：我们成了一个娱乐至死的物种。

和之前的电视时代相比，互联网的出现让传播工具变得更先进了，并更深刻地改变了信息的传播途径，也让大众的许多话语日渐以娱乐的方式出现，这一点表现得更明确了。

通俗一点来讲，当公共传播、大众传播成为可能的时候，因媒介的升级，社会变成了一个大舞台。参与传播的人，都会自觉地尊重舞台效应。舞台的核心是好看，所以演的人卖力，看的人也投入。

加拿大传播学家马歇尔·麦克卢汉（Marshall Mcluhan）有一个"媒介即信息"的理论。简单来说就是，在信息传播中最本质的东西不是传播内容，而是传播媒介。在此基础上，波兹曼进一步提出了"媒介即认识论"的观点。他认为，媒介严重影响了人们对事物的认识，以电视创造出来的认识论不仅劣于以铅字为基础的认识论，还是危险和荒诞的；以电视为中心的认识论严重"污染"了大众交流，而且这种来自电视的影响，不是人们关闭电视就能避开的。在波兹曼看来，当时社会面临的最大问题不在于电视为大众提供了太多的娱乐内容，而在于所有内容都以娱乐的形式表现出来。娱乐已经成为电视上所有话语的超意识形态，成为表现一切经历的形式，从新闻到政治，甚至是宗教活动都在不遗余力地娱乐观众。

波兹曼的研究极具前瞻性和启发性。电视时代尚且如此，到了互联网时代，网络传播更是全面升级了这个议题。今天的娱乐场景显然比电视时代更丰富、更持久、更深入、更广泛。社交媒体让每个个体都有媒体属性，都可以制造信息，都可以成为舆论中心，这种扩大化的广场效应、舞台效应、受众规模，都是电视时代完全不能比的。

如今娱乐已经渗透到传播的各个角落。许多信息传播者为了博人一笑，可以将艺术价值和伦理道德弃于一旁，可谓"得娱乐者得天下"。所以，如今企业要想做好传播，就要洞察大众的娱乐精神，激发大众在某个节点因娱乐而参与传播的热情。

大众都有看热闹的心理需求

媒介升级对娱乐信息泛滥起了助推作用。从人性的角度看，信息传播的娱乐化已经成为一种必然。

现代生活压力重重，节奏非常快。进入信息时代，人们可能更忙更累了。压力越大，越需要能消解压力的娱乐。对多数人来说，忙碌了一天后，再没有什么比嗑着瓜子看热闹更放松的事情了。即使是自视完美无瑕的人也不得不承认，有时候人们需要通过比较别人的生活来寻求一些自我安慰。人们愿意围观热闹，这很可能和人的原始欲望有关系，因为八卦、争端等，会刺激人的情绪，带来心理满足。

同时，看热闹也是一种自我解压、自我释放的过程。有科学研究表明，人在遇到困难与挫折时，通过看热闹或者"吃瓜"的方式能够减轻精神压力，从而恢复心理平衡。简单来讲就是，人在生活不如意的时候，会有意识地将自己与他人进行比较，当发现他人过得不如自己时，可能就会感到一些平衡，以避免自己受到负面情绪的过度影响。

如今的社会已经变成一个大舞台，传播过程中可以让大众知道的话语，本质上都是一种表现，都有舞台意识。在舞台上，有两种表演，一种是严肃的，一种是娱乐的，本质上都是表演给人看的。因此，要让人爱看就必须好看，就要符合娱乐精神。

很多人喜欢和别人的生活联结在一起，也喜欢关心别人的事情，这些特质在文化心理学的研究中都得到了证实。这些特质叠加起来就使得人们爱管闲事、爱八卦，不注重保持人与人之间的距离。

实际上，这种爱看热闹的特质不是什么值得称赞的事，因为它代表的是一种"无责任、无判断、无担当"的三无心态。与其看热闹，我更希望人们能主动积极地融入社会，对周遭有一种责任感，并做出应有的贡献，而不是当一个事不关己的旁观者。比如，大众在微博、朋友圈对突发事件做出了快速反应，大量转发所带来的舆论压力和社会关注度，在某种意义上也推动了社会进步。

归根结底，人们有追求娱乐的权利和需要，满足这种需要对引爆品牌传播的作用自然是非常明显的。这些年，在舆论场上为大众制造娱乐需求的人，也发生了几轮更替变化。

强势出圈

互联网兴起之后，冒出了一群在网上发有趣内容的"段子手"。春晚是中国人特别钟爱的电视节目，几乎每年春晚都会出现流行语，这种流行语的创作者就是早期的段子手。

1988年，相声《巧立名目》揭露了当时社会的一些不正之风，经典台词"领导，冒号"也成了当年最流行的台词。

1989年，赵丽蓉首次登上春晚舞台，和侯耀文合作了小品《英雄母亲的一天》，一句"司马缸砸光"让全国亿万观众记住了这部经典小品。

1990年，春晚舞台迎来了一名新人——赵本山，他的小品《相亲》获得当年语言类节目一等奖，从此奠定了他在春晚的稳固地位。其中一句"傻样儿"红遍大江南北！

2009年，一部小品《不差钱》让主演家喻户晓，"不差钱"也成了流行语。

从2010年开始，春晚的相声小品发生了变化，网络流行语频繁出现于台词中。令我印象最深的是"不要迷恋哥，哥只是个传说"这一句。

大众集体创作的段子更加惊艳。春晚开始从网络流行语吸取创作素材，就充分说明了这一点。而且，很多流行的段子往往只是不知名的围观群众灵感来了之后很突然、很偶然的吐槽。在大众的娱乐精神越来越高涨的时候，关注热点事件就成了常态。谁能在热点事件中产出好段子，谁就能赢得大众的关注。

第 1 章　最好的传播是不胫而走
三个必备的底层观念

除了大众的创作之外，今天仍然有职业创作段子的主体。比如通过网络综艺出道的喜剧演员和脱口秀演员，他们年轻且熟悉网络文化和流行文化，也更具备娱乐精神。而且，他们都更强调即兴创作。因为熟悉网络传播的各种段子，他们的创作更基于网络娱乐精神的需求市场。

虽然未必是得娱乐者得天下，但想要获得广泛关注，娱乐精神的确是一个很重要的、能够吸引大众参与的概念。那么，作为信息传播方，具体可以通过哪些途径来迎合大众参与传播的娱乐精神呢？

想要迎合大众参与传播的娱乐精神，往往要反逻辑、反常识。

俗话说，过犹不及，这常常是形容人们做事情太夸张了。但夸张有时候就会成为笑话。从这个角度去看，可以发现段子大都有些脱离常识，夸大事实，所以让人哈哈大笑。比如相声里甲形容一个人飙车的感觉是"太刺激了"。然后乙问："这么刺激多少迈啊？"甲答："5迈。"5迈是非常不刺激的速度，但甲说一个人能感觉到"太刺激了"，这就是反常识。

想办法在大众参与传播时提供娱乐段子，让他们在娱乐的过程中参与娱乐创作，就会让娱乐精神渗透到方方面面。鸿星尔克的爆红，就是抓到了娱乐的关键。和鸿星尔克相关的段子在它出圈的时候层出不穷，每一个都看起来很夸张、非常态，正因如此，才能让大众看得开心。不管这是鸿星尔克的主动介入，还是大众的自我需求，总之都形成了特别好的传播效果。

强势出圈

传播贴士
Communication Tips

1. 刷屏出圈必备的三个底层观念:
    1) 树立正确的价值观,做好人做好事;
    2) 找到公众参与传播的优越感;
    3) 满足公众参与传播的娱乐精神。
2. 好人好事带来的传播效应是需要积累的,而不是一朝一夕就能实现的。
3. 想要迎合公众参与传播的娱乐精神,往往要反逻辑、反常识。

第 2 章

引导舆论的预期方向
三大引爆路径

爆品文案的传播，
就是一个
"将故事讲到
大众心里"
的过程。

企业公关传播的目的就是聚焦品牌价值观、好故事，利用公关手段让品牌进入公众舆论场，促使大众对企业品牌形成共识与认知。这就需要企业在传播中着力引导舆论的预期走向，切莫让舆论被带偏。下文将介绍一条完整的路径，帮助企业把握舆论走向，实现预期的传播效果。

路径一：快速找到并对准传播靶心

舆论也好，传播也好，都是有靶心的。随着传播工具的升级，靶心的变化很大。在报纸上，传播靶心是头版；在电视上，传播靶心是黄金时段。在互联网上，靶心跑到哪里去了呢？其实，公众关注的热点事件或话题，就是靶心。

传播必须对准靶心

在传播时，对准靶心太重要了。我认为在今天，传播靶心也就是大家都关注的话题，需要一个空间来扩散影响力。我们可以把这个空间称为"舆论的广场"，即舆论场。舆论场越大，靶心的价值就越大！

这些承载话题的舆论场是什么样的呢？以前，电视是舆论场；现在，大众的注意力都被吸引到了社交平台上，每周、每天社交平台上都会出现吸引众多人去看、去讨论的热点话题，社交平台便成了舆论场。

很多社交平台每天向大众推送的信息，几乎就可以算是当天的热点话题了。根据我的经验，舆论场上一般每半个月就会有一个超大热点话题，每半年往往会有一个进入大众记忆的核心大事件，这个核心大事件的热点级别一般非常高，大都是全国人民甚至全世界人民都参与讨论的事件。

舆论场是有中心的，进入中心就会成为舆论的靶子，成为大众热议的对象。和报纸的头条、电视的黄金时段不同，在互联网上，舆论的靶心是移动的，但它依然有规律可循。找到舆论的靶心，并不停地向它输入信息，才能让它成为大众热议的对象，达到火遍全国的目的。

在探讨普遍性规律之前，我先介绍两个找对靶心、做好传播的例子。

杜蕾斯品牌的微博营销是一家做社会化营销的公司做的。杜蕾斯的文案经常会被大众热议，而其营销的成功，显然是因为有很强的靶心意识。这家营销公司很清楚最近一段时间哪个话题能引起大众关注，并巧妙地把这个话题联结到自己的产品宣传上，从而让杜蕾斯成功进入舆论的靶心。

2020年新冠肺炎疫情期间，五菱宏光的"地摊神车"事件爆红出圈，这并不是意外也不是偶然，因为该品牌的传播动作常年都是围绕着传播靶心在做的。

从以上两个例子可以看出，如果企业在传播中有了靶心意识，就能知道往哪儿打才最容易产生最好的传播效果。缺少靶心意识的企业，虽然每天也向外界传播许多信息，但由于进入不了靶心，信息不能在舆论场上扩散，所以传播的范围还是很小的。许多企业的宣传信息在发出后都特别容易石沉大海，这不是意外，也不是偶然，而是因为缺乏靶心意识导致的一种必然。

如果能带着靶心意识做传播，让发出的每一条信息都是有目的、有方向的，并以命中某一个话题为目标，长此以往，总有一天能打中靶心，那时带来的传播效果将会是爆炸性的。例如，在五菱宏光的例子中，"地摊神车"的传播动作成本极低，带来的却很可能是1亿元广告费都未必能达到的传播效果。

以前，报纸头版、电视黄金时段都是固定的靶心，企业非常容易找到靶心，也很容易对准靶心做针对性的传播，但今天，传播靶心是移动的，所以很难找到靶心。这里提供三个维度，来快速帮助企业找到传播靶心。

寻找传播靶心的三个维度

第一个维度，在大众的情绪里寻找传播靶心。公众关注的热点事件或话题就是靶心，但具体到企业的操作层面，还是需要将靶心的范围限定在和企业有关的热点事件或话题中。有些事件，虽然公众都在关注，但是和企业正在做的事情找不到一丝关联，企业是没办法借到力的。

企业限定好和自己相关的传播靶心的范围后，接下来就需要从大众的情绪中一步步抽丝剥茧，找到那个最核心的、可以调动大众情绪的传播靶心。

为此，首先，要判断什么事件或话题可能引发公众关注。比如，发生重大水灾显然是一件会被全国人民关注的事情。

其次，判断这个事件或话题是否和企业有关系。如果企业和这个事件或话题没有关系，那么即便是靶心，也不能往那里传播信息。那么，发生重大水灾这样的事件，如何才能和企业产生关系呢？很显然，如果你的企业不想参与救灾，基本就和这件事没关系。但是如果企业愿意在救灾上有所作为，这个事件自然就和企业产生了联系。之前我反复分析过鸿星尔克爆红的案例，其实很多企业都在灾情中和舆论靶心建立了联系。因为它们有责任、有情怀，也愿意为救灾做好事。如果企业可以和救灾产生联系，就有了成为热议话题的可能性。为什么说是可能性，而不是确定性呢？因为能否产生热议，主要基于这个事件本身被大众感受到后，大众的情绪空间到底有多大。

情绪空间决定了公众的关注度，因此企业需要预判自己的宣传在救灾话题上能产生多大的情绪空间，即要从公众的情绪走向中找准信息传

第 2 章 引导舆论的预期方向
三大引爆路径

播靶心。

企业在本身经营很困难时还要去救灾,就显得更加难能可贵,就更能吸引全国人民的关注,扩大情绪空间。鸿星尔克在郑州"7·20"特大暴雨灾害中捐赠价值 5 000 万元的物资是一个很好的例子。郑州本地企业白象捐了 500 万元,还捐赠了不少物资,这件事产生的情绪空间也非常大。

这是为什么呢?原因有三。第一,白象是一个老牌的方便食品企业,这几年它的经营情况不是很理想,但当灾害发生时,白象义无反顾地捐款捐物,自然引起了大众极大的关注。第二,据说白象还发了一个通知,要求公司的任何人都不许传播他们捐款捐物的事,这也引发了外界非常大的反响。第三,白象还为残疾人提供就业岗位,这说明白象是一家有情怀、有社会责任担当的企业。

当然,任何传播都有两面性,有人做正向积极的传播,也有人借助大众的焦虑情绪做一些负面消极的传播。比如,在河南水灾最凶猛的时候,朋友圈有过一幅刷屏的图片,表面上是呼吁关注灾情,其实其中有一些元素是带有负面内容的。但在图片刚出现时,人们因为对灾情很关心,又很担心那些被困的人,所以没有仔细看就进行了转发。不过随着救灾的深入,这幅图片的问题很快就被发现了。

事实上,这幅图片的传播就利用了人们的道德优越感。我们不能坐视灾区的人民不管,必须救灾,反应出一种特别强烈的情绪和共识。所以,在那时,任何影响救灾的声音一旦出现,都会迅速被放大。

在河南水灾中，还有两个特别有名的艺人去了水灾现场。一开始，人们备受感动，但是事件很快就出现反转，有人说这两个艺人的到来导致冲锋舟不够用，影响了救援，于是各种批评都冲着这两个艺人来了。

举负面声音的例子，是想要起到一种提醒和警示的作用。一是提醒企业，别有用心之人什么时候都可能存在，所以在寻找并融入正面的舆论的时候，也要提防这样的情绪被人歪曲利用；二是警示企业在传播中，不要想着耍小聪明，利用人性弱点来操控大众的情绪，不然很可能会得不偿失。

另外，人也不是所有的情绪都会外露。人们一般都会选择隐藏一些情绪，比如嫉妒。因此，企业需要识别人们隐藏的情绪，才能更准确地把握他们在热点事件中的真实情绪走向。

第二个维度，在未来的时间节点里寻找传播靶心。指向未来的靶心更有价值，因为企业可以有时间做更多瞄准靶心的动作。所以捕捉靶心要有前瞻性。从这个维度讲，企业可以考虑一些时间节点。比如，重大的节日通常会成为传播靶心，因为重大节日时，大众一定会关注与节日相关的信息。比如，七夕时，和爱情相关的话题就特别容易火。有人曾经做了一幅图片，用现代人的眼光重新阐释了牛郎的行为，这当然是一个充满了娱乐精神的传播动作。又比如，无论是高考前、高考中还是高考后，每年有关高考作文、录取通知书等方面的话题都特别多。

因此，当知道大众的注意力一定会在某个时间节点聚焦时，企业就要对准时间节点的靶心，争取达到好的传播效果。确定的靶心往往覆盖的范围会很大，虽然企业能确定里面会出热点，但有时候不能具体确定靶心会出现在哪个层面。比如2021年开学时，最火的一张图片描述的是一群家长送完孩子之后在校门口趴在地上或爬到墙上的情景；又比如春晚，每年一定会有很多相关的话题引起热议，只是引起热议的话题有时候没办法和企业传播产生关联。

第三个维度，在平台的空间里寻找传播靶心。从这个维度看，企业就需要密切关注各种平台，比如微博、抖音、快手、百度出现的热搜，今日头条、网易出现的弹窗等，这些都可能是平台空间里的热点。

捕捉平台空间里的热点需要企业有迅捷的信息捕捉能力。有些信息可能在平台上出现之后，过了两小时就上热搜了。比如，某医院整形机构因老板与顾客激烈争吵而连上了三次微博热搜。人们刚开始看到这条信息时，还不知道这个话题会上热搜，也不能判断它多久后会上热搜。

事实上，这条信息引发了广泛的舆论关注，而任何事情的发酵都有一个过程，如果企业能第一时间捕捉到这条信息，第一时间根据这个信息进行内容创作，那么捕捉这个话题靶心的可能性就特别大。

有人会问，别人捕捉靶心之后，企业跟进的创作有价值吗？我认为还是很有价值的，但是跟进创作和第一时间介入话题的效果是不一样的。如果企业第一时间就能跟进，那么极容易捕捉靶心。如果企业没有第一时间跟进，而是在事件成为热点后捕捉到了靶心，也还是有可能找到合适的关联，击中这个事件的靶心，但这对下一步的创作要求就更高了。

综上所述，了解热点的发酵过程特别重要。热点就是靶心，而这些热点都在不同的平台上，如微博、百度等。

微博、百度的热点其实就是热搜榜，今日头条、抖音、快手也有这样的榜单。但是以我的个人经验来看，最重要的捕捉热点的渠道还是微博和百度。微博快捷实时，百度客观平稳，企业可以根据平台上的热门话题，来判断什么话题能与企业宣传产生关联，怎样跟进热门话题。

所以，我要特别给企业一个建议，就是一定要养成关注热门信息的习惯，努力在第一时间捕捉正在发酵的信息，然后推断它是否能成为大热点。相信通过不断的磨练，企业捕捉靶心的能力会变得更强。

路径二：确定爆品事件及核心文案的写作逻辑

企业要想引爆品牌，重要的是在关键时机抓住爆品事件进行营销，做一个全面的策划，让大众通过事件了解品牌，帮助企业成功出圈。这是一种软性的营销方式，比硬广告的效果好得多。什么样的事件才能成为爆品事件呢？这种爆品事件的核心文案的写作逻辑又是什么呢？

爆品事件需要主角

首先需要明确的是：基于时代和当下舆论场的特征，只有故事才能进入传播靶心。因为大众喜欢听故事，只有故事才能激发大众参与讨论、产生共情的心理，从而引发更大范围的持续性的话题。那么，如何形成故事？什么样的故事才可以激发更多人的情绪，引发更多人的参与呢？

故事的主体是角色，所以形成一个好故事的首要动作就是针对可能关联的大众情绪，选定故事的核心角色。挑选角色也是有讲究的，首要原则是"核心角色要强，要有主角光环"。爆品事件中，核心角色要能迅速引发大众关注，才能在黄金时间内抓住大众的注意力。

比如，很多影视作品在拍摄前都要确定主演、群演及主角、配角。主角一般都是知名艺人，因为知名艺人本身自带流量，更容易制造话题。同样的剧本，演的人不一样，受欢迎的程度当然也是完全不一样的。

对企业而言，核心角色可以是企业负责人，无论是其讲述的故事，还是参与的事件，传播效果都要明显好于普通员工讲的故事、参与的事件。近年来，打造企业负责人个人 IP 的文化非常流行，采用了这种方法的企业都考虑到了"核心角色要强，要有主角光环"这一原则。

总之，企业在策划爆品事件的时候，第一步就要确定谁是主角，这一点很重要。

爆品事件要关联更多作为配角的外部主体

在制造爆品事件的过程中，除了有吸引力的主角，配角也不能忽视。所以，第二步就是安排关联的配角。主角、配角作为故事角色，都要对大众讲故事，配角在故事中的作用是尽可能多地关联外部主体，产生更多梗。配角关联到的人越多、主体越多，就越能不断扩大传播范围，将更多话题卷进来，让事件自发地产生传播力。如此一来，就越容易形成爆品事件。

在关联外部主体的过程中，既需要有层级逻辑，也需要有策略。我把关联外部主体的策略总结为四个层级：

- **第一层，关联利益相关方**。事件决定了圈层，在圈层之中是很容易确定利益相关方的。他们有利益诉求，企业很容易找到与他们的关联。

  比如，2023年9月，某知名头部主播因"79元眉笔"事件引发舆论争议后，很多品牌推出"79元产品"和"79元套餐"。随后，鸿星尔克开启国货品牌"大拼盘"带货直播，数位主播集体合作，用蜂花当场洗头、现喝蜜雪冰城和汇源果汁，引发了一系列国货抢购潮。除了被鸿星尔克带货的国货品牌与鸿星尔克进行了很好的互动外，品牌的粉丝们也与鸿星尔克共情，纷纷为其点赞。

- **第二层，关联自媒体和媒体**。自媒体和媒体有流量需求，所以更愿意将企业作为故事主角。

  比如某火锅店连锁公司的问题羊肉卷事件。该公司通过自查发现羊肉卷存在问题后，不仅主动拿出巨资赔付给消费者，还在声明中邀请媒体和自媒体达人前往公司中央厨房探访，并在探访过程中把产品采购、加工和仓储流程一一公开呈现，这在一定程度上达到了化危为机的目的，品牌美誉度修复得比较好。

- **第三层，关联政府。**政府承担着处理公共事务的责任，其叙事常常介入公共事件，因此也可以是被关联的外部主体。政府有声誉需求、有公信力需求。在故事涉及公信力时，政府也愿意介入。

  在这方面，最常见的就是企业的公益事件和近年来非常盛行的直播助农。以"东方甄选"为例，公开资料显示，2022年东方甄选平台举办的"齐鲁山海行"山东直播活动，最终促成的销售总额接近1.9亿元。带货产品以当地农产品和其他优质产品为主。为了配合这次直播，青岛市有关政府部门和协会组织纷纷上镜出力，活动达到双赢效果。

- **第四层，关联大众的正义和娱乐。**大众需要表达自己的价值观和利益诉求，企业只要能满足他们的需求，就可以和他们建立关联，让大众自主地帮企业转发信息。

  2021年，鸿星尔克爆红出圈后，一位体育老师专门去该品牌的实体店买鞋。他到店后随便拿起一双鞋子试穿，结果发现不合适，但令人惊奇的是，他依然买下了这双鞋。他说，不是鞋不合适，而是自己的脚有问题，双手合适就行。随即，他就将鞋子套在手上，直接倒立出了店门。这件事引起了店内外很多人的注意，并被拍成视频发到网上，得到了大量转发。

爆品事件的编剧原则是守正出奇

安排好了主角和配角，接下来第三步，就要开始讲故事了。有些好故事，能够自然而然地发生，但有些好故事不能自然地发生，这就需要企业有做策划、编故事的能力。

如何编剧，或者说如何创造一个好故事，引发爆品事件呢？爆品事件的编剧原则简单总结起来就是四个字：守正出奇。所谓"正"，就是要站在道德底线上，保证内容的合理性，不能伤风败俗，更不能为博眼球破坏公序良俗。这是最根本的保证，因为企业的出发点是通过事件的运作，让品牌出圈、树立正面形象。

比如，有灾情时，企业去救助，这就是正。而且救助的过程必须真实透明，企业的价值观必须是一以贯之的。这也是整个事件策划初期需要周密考虑的。否则，就可能在后期被其他人利用，成为伤害品牌的"利刃"。

所以，企业参与某个事件或制造某个事件时，必须是以弘扬社会正能量为出发点的，初心一定要正。这就需要企业在策划之初，具备更高层级的战略思维。很多时候，事件的内容和方向必须由企业来做决策。

兵法云，奇正相生。"奇"就是要先找到大众通常的心理预期，然后制造和这种预期不同的内容，最后让人产生一种"意料之外、情理之中"的效果。当然，奇不是为了猎奇，而是要让故事本身更加跌宕起伏、扣人心弦。对关注故事的大众而言，带有反转的故事很新奇，因为有冲突、有矛盾，所以更吸引人。

互联网信息更新得太快，导致用户的痛点不断迭代，用户对内容的要求不断变高，包括对内容的打开标准和转发标准都变高了。针对这一点，

第 2 章　引导舆论的预期方向
三大引爆路径

企业一定要洞悉通常的心理预期，才能制造更多的"意料之外"。超出通常的心理预期，就会超出大众想象，冲突就会越多，就越容易让事件具备被引爆的充分条件。

关于新闻有一句俗语：狗咬人不是新闻，人咬狗才是新闻。因为狗咬人并不是意外，人咬狗才是意外，这是新闻传播的常识。但捕捉"人咬狗"的意外，并引发大众的兴趣，需要叙事技巧，有了叙事技巧，往往就能吸引大众参与到事件的讨论中来。

总之，想要触发能引起群体热烈讨论的现象级事件，就需要制造带有情绪冲突的话题。今天，很多企业或者产品成功出圈，几乎全是通过某热点事件形成的热门话题，吸引大众讨论的。

2020年2月，餐饮连锁企业老乡鸡在微信公众号发布的一个视频引起了广泛关注。这个视频一经发布，就迅速刷屏。

这个视频的内容是"老乡鸡负责人手撕员工减薪联名信"。从标题来看，这个故事就自带吸引眼球的特质。首先，新冠肺炎疫情期间，很多企业经营困难，员工要求减薪，这是很多企业负责人求之不得的事，这是符合通常预期的。但员工要求减薪，这就不符合大众预期了，这就是差异，就是奇特。

这一事件能火，原因不仅在于员工联名写信要求减薪，还在于企业负责人的做法。为什么这么说呢？按照大众的预期，餐饮企业遇到经营困难时，负责人看到员工联名减薪，高兴还来不及，应该立刻答应员工，但老乡鸡的负责人不但撕了信，而且批评了要求减薪的员工："你们糊涂！"还说，"卖房卖车也让1.6万员工有班上"。这是"奇"的表现。

新冠肺炎疫情期间，老乡鸡不仅不给员工减薪，还全力为支援武汉新冠疫情防控捐款。正是凭借着这份担当、这份情怀，老乡鸡才有了出圈的机会。

在老乡鸡联名信事件中，"正"和"奇"的元素都体现得非常明显。老乡鸡的负责人人很正，企业很正，员工也很正；"奇"的元素也很多，"冲突"很多，最明显的一点就是老乡鸡的负责人在经营困难的情况下，在员工主动写信要求减薪时，却不同意这么做。一正一奇之间，大众在故事的跌宕起伏之中参与了传播，老乡鸡品牌成为故事的主体，企业正面的形象也得以树立。这就是正、奇冲突带来的传播效果。

核心文案的写作逻辑

明确了应该如何讲故事之后，再来介绍确定爆品事件的第四步，也是很重要的一步，就是在爆品故事的文案写作上要遵循一个核心逻辑，即文案要短。

传统的写作逻辑，都在强调文章要写得长、写得全。但今天，人们关注的逻辑变了，能聚集热门话题的平台对内容的要求往往都是短，微博、抖音、快手都是这样，微信朋友圈也是这样。今天，长的内容很难吸引人们的注意力，而短内容具备很多优势，更易口口相传。

那么，哪些类型的文案可以称得上短呢？

- **话题**：一个话题不仅可以激发无数网友唇枪舌剑，还可以触发更多话题。
- **图片**：图片一目了然，便于查看，而且可以生成话题。比如，很多爆料文虽然很长，但其实多为聊天记录截图。聊天记录中的对话，会成为一轮又一轮的新话题，变成一个又一个梗，甚至被制作成表情包、短视频，传播动力越来越强。
- **短视频**：它比话题和图片长，需要标题和头图，还需要点击才能观看。
- **长文**：长文不短，但是为什么可以火？有些长文之所以能受到关注，是因为包含以上元素，比如有聊天记录截图或有话题。

为了更好地帮助企业理解和运用以上几类文案，我来整体拆解一个例子。"南京有一家火锅店的就餐价格被炒到 2 000 多元"就是一个爆品事件的好种子，假设企业要借这个事件来让这家火锅店得到广泛关注，可以如何做呢？

  成功出圈的前提条件是事件本身要吸引大众眼球。在这个事件中，有很多剧本可以写。被炒到 2 000 多元的就餐价格就能证明该火锅店的食物是美味的，这是一个故事的根基，也是整个故事不能偏离的基调，否则就达不到传播品牌的目的了。

  按照"守正出奇"原则，第一步，研究冲突猎奇的开场——火锅店的就餐价格被炒到 2 000 多元，有人因此产生冲突是不是很正常？冲突过程中有没有弱势群体？

第二步，研究清楚故事的冲突矛盾后，就需要从现实里捕捉这样的冲突。如果确有其事，就可以把事件呈现出来，通过网友侧面吐槽的方式体现火锅店的优势。

第三步，可以策划一些相关话题的媒体报道，比如"某火锅店吃饭要排很长的队，就餐价格被炒到2 000多元，引发排队人群间的冲突"，"2 000多元的火锅店排队号从何而来"，"背后牵扯出的巨额交易，火锅店是否知情，该如何回应"，等等。这些都是非常好的切入点。

在文案上，可以利用"短"的核心逻辑来进行传播，比如"排队号炒到2 000多元"就是一个核心话题，简短且新奇，能迅速激发网友的好奇心。

话题经过讨论后，接下来就是媒体报道和火锅店的回应。请注意，这是进一步树立品牌正面形象的节点，可以借机声明弱势群体优先的态度、安慰顾客，并做出扩张店面的计划。

当然，一切引发好奇因素的事实面都需要有利于品牌形象，比如这家火锅店的一些事件到最后都应绕到"火锅很美味"这类话题上来。

在这个案例中，运作方法就是通过公众对弱势群体事件的隐藏情绪，也就是道德优越感进行舆论引导，激发全网讨论，之后火锅店出面表态，树立品牌认知，提升品牌曝光度，强势出圈。值得一提的是，运作任何一个故事时都要考虑大众隐藏的情绪，比如从前很多网红刚火起来的时候，就是借助一系列文章击中了长期以来隐藏于许多人心中的关注点，打在了大众的痛点上。

如今信息密度太高，网民对于内容的打开标准和转发标准越来越高，企业要想引爆品牌，就必须有独特的方法论。我认为，当前能进入舆论场靶心的主要是故事，只有故事才能激发大众的参与欲望。编写故事剧本的原则是"守正出奇"，无论事件如何发展，都要尊重公序良俗，保证社会各方的利益。

路径三：规范爆品文案的传播轨迹，定向引爆

舆论场上的声音都是有走向的，想要让声音往预期的方向走，就需要规范传播的轨迹。

什么是规范的传播轨迹？前面提到，企业想要引爆品牌，首先要确定借助什么样的故事出圈，将品牌和故事一起植入舆论场，而且这种印象一定要是正面的，即便中间有反转，也要确保最后留存的长期印象是有利于品牌形象的。

事件的传播会引发各种各样的声音，传播过程有不同的阶段。企业需要在这个过程中有前瞻性，能预测各个阶段的反应，做好声音传播的轨迹管控，才能确保把声音引到对企业品牌有利的方向去，更好地让传播为企业品牌服务。否则，这个过程一旦失控就会得不偿失。规范声音传播的轨迹有三个环节。

第一个环节，准备"枪支弹药"，明确要传播的信息和渠道

完成一个以引爆企业品牌为目的的传播过程，就相当于上一趟战场。上战场前的第一个环节，就是要准备好枪支弹药，这是最基本的要求。准备"枪支弹药"要分为两步走。第一步是生产信息，这就好比准备"弹药"；第二步是确保信息传播的渠道畅通，这就好比准备"枪支"。"弹药"需要装到"枪支"上，才能被射击到企业需要引爆的那个靶心上。

第一步，生产信息。首先，确定事件要用什么样的形态作为载体，才能达到最佳效果。也就是说，要把事件作为传播物料。物料没有特别固定的形式，主要物料是视频、图文、聊天记录、音频。比如，有些艺人的负面新闻中的录音、聊天记录截图；再比如，前述火锅店的例子中一段能让人一眼看到极具戏剧性的冲突的短视频。

其次，根据内容形态选择载体。载体的形式有很多，包括软文、热词、新闻、微评论、搜索端软文标题等。选择载体最根本的原则是，必须选择最适合曝出相关事件、能最快速吸引大众眼球的载体形式。

第二步，确保信息传播的渠道畅通。准备好了"弹药"，就要确定发送"弹药"的渠道。渠道的种类也有很多，包括新闻发布会、顶级自媒体大号、中等自媒体账号等。需要注意的是，并非关注度越高的渠道效果越好，企业要考虑事件本身的情况，采用可信的渠道发布。

"杜蕾斯不湿鞋"事件就是通过一名普通网友发布的。当时，

第 2 章 引导舆论的预期方向
三大引爆路径

北京暴雨造成出行不便成为广泛热议的话题，一名微博网友借助这个话题热度发布了一条关于"有杜蕾斯回家不湿鞋"的博文，内容包括一张用杜蕾斯套鞋的照片，这一新奇有趣的信息迅速被广泛转发。

杜蕾斯官方微博随后也对这条博文进行转发，并称该网友非常有才华，鼓励大家也运用这种方式防水，这才引爆了"有杜蕾斯回家不湿鞋"的话题。短短20分钟，这个话题就登上了新浪微博1小时热搜榜的第一名，可见其传播速度之快。当日这条微博更是获得了全站第一的转发量，相关话题也达到了5 000万点击量。一个小小的事件，就促成了一次成功的营销。

在这个环节，值得注意的一点就是，我们要根据剧本内容，将戏剧化的场景和故事讲完，要看起来很自然。也就是说，背后的传播目的要埋藏得比较深，不能留下人为策划的痕迹，埋的引爆点也一定要深，不要轻易把爆点牵出来。

一言以蔽之，从信息的生产到渠道的畅通，应当是一个浑然天成的整体，每个细节都要为此服务。

经过一轮又一轮舆论反转的历练，大众现在也变得越来越聪明。有一句话形容得很好：让子弹飞一会儿。如今，一个事件被爆出时，大众不再轻易追随或者站队，而是要等几轮反转或者真相渐渐浮出水面，再去下结论。这是舆论场的新形势，企业在做传播时也要与时俱进，要把这些因素都考虑进来。

第二个环节，输送"弹药"，通过媒体引爆话题

信息和渠道都具备之后，就要开始下一个环节了——将准备好的"弹药"输送到"战场"上，开始"真刀实枪"地打一场硬仗。在这个环节中，也需要分几步来做。

第一步，要明确几个事件要素，比如人物、时间、地点等，为大众提供一个全新的信息源，架构一个可供消费的信息生态。在这里，有一点值得注意：这个信息生态应该是具有弹性的空间，有延展性，可以不断生成更多话题。因此，这个空间要足够大，初期的限制不要太多，才能让大众有充足的空间发表各自的看法，延展出更多的话题。

事件在呈现的过程中，叙事的角色很重要。要让事件显得真实可信，这个角色就得是离事件信息源很近的、与企业有切身利益关系的，且有非呈现不可的必要。企业在做这些事情的时候，一定要坚持正向的价值观，必须坚守底线。

事件的真实性特别重要，这就需要企业在做品牌引爆的时候，有顶层设计。比如之前北京环球影城的霸天虎火了，他虽然是一个虚拟人物，但他和游客的互动是真实的。他的话题性很强，很有出圈的势能。企业需要从更高的维度寻找和设定出圈的元素，根据企业的基础性事实，满足大众的智商优越感，满足大众的娱乐性信息消费，最终形成大众热议的话题。

有了顶层设计上的要素、话题之后，第二步就要将符合话题的物料根据发布规律发在微信朋友圈、贴吧、微博、论坛等。 同时，将信息输送到核心的传播渠道——各平台的热搜与手机端、电脑端的弹窗。

在这个步骤中，需要安排媒体和"大V"介入，比如都市媒体、本地"大V"，让话题呈现出被关注聚焦、被热烈讨论的模样，将整个信息生态植入舆论场，让其成为一个看起来自然而然发生的过程，这样才能引爆话题。

在话题引爆之后，就要进入令人紧张的第三步——应对可能出现的不可控信息。

一条信息进入真正意义上的舆论场之后，实际上是有多种潜在的可能的。前期属于可控阶段，但是到了万众瞩目时，可能有许多犀利的目光在监督、批判和怀疑。此时企业必须更加谨慎周密，将事件朝着想要的方向引导，降低潜在的负面信息发生的可能性。因此，企业需要密切关注舆论的发展方向，在引爆的信息生态下植入高级软文和节奏性声音，引导信息的传播方向朝着符合自身利益诉求的方向发展。

第三个环节，引导信息的传播朝着符合自身利益诉求的方向发展

第三个环节是规范传播轨迹的最关键环节，即引导传播的方向。这一环节要让"弹药"击中企业预期的目标。这个环节充满了不确定性，因此要进行全面统筹。

要实现企业的目标，就要让传播的信息被管控起来，进行有效的规范，让这些信息朝既定的方向发展。那么，如何管控信息？要让信息产生方向。

比如，鸿星尔克捐款一事在舆论场被引爆后，会出现更多信息。这时，企业就需要快速甄别哪些信息对企业更有利，不能让有利于企业的声音被淹没，而要把这样的信息放大。准确捕捉一切于己有利的声音，然后放大这些声音，引爆的声音就会朝着既定的方向走了，这就是规范信息传播的轨迹。

总体而言，在这最后一个环节，企业要规划好传播路线、传播方向；安排好每一个信息节奏发生的时段，明确话题被引爆后的传播方向，这个方向必须是对品牌的提升有帮助的。

具体而言，企业也需要注意负面风险的管控。传播有很强的不确定性，需要企业提前从两个角度出发：一是排查风险点，二是统一口径。统一口径相对好操作，排查风险点则需要企业在大量的公关案例中有足够的积累，对整个事件进行全面统筹。

虽然目前的舆论场中各种声音纷繁复杂，但也正因为如此，许多人缺乏独立的判断力，更容易被带偏节奏。只有当企业的声音足够大时，才能引导舆论朝着预期的方向走。

2018年，一名用户在微博上发文称，自己本来在马蜂窝预

第 2 章 引导舆论的预期方向
三大引爆路径

订的是俄罗斯海参崴当地酒店,结果马蜂窝的供应商却把酒店订到了千里之外的希腊。用户与马蜂窝客服沟通后,客服竟然让用户去希腊住酒店,还提出:从俄罗斯原酒店到希腊某酒店,打车需要6天,费用由马蜂窝报销。

于是,这名用户在微博上呼吁马蜂窝兑现承诺,安排他从俄罗斯海参崴打车去希腊,还将个人微博简介改为"马蜂窝打车去希腊(非自愿)首席体验官"。其后,一些网友也开始吐槽自己经历过的各种不好的体验,舆论一时间变得有点不可控了。

那么马蜂窝是如何处理这一事件的呢?一方面,马蜂窝立即在微博上发布道歉信,表示将反省订错酒店事件暴露出的服务与管理方面的漏洞,承诺给予3倍赔偿;另一方面,马蜂窝认真计算了从海参崴到希腊的距离,表示打车费用(一共8万元人民币)可以由马蜂窝报销。于是,舆论迅速朝着对马蜂窝有利的方向变化。

在这个案例中,风险点就是激发其他用户回忆起同类体验,所以企业要预先想到这一点。针对这个潜在的风险,马蜂窝的回应其实很好地迎合了其用户的特质,因为本来这个平台上就聚集了一群爱旅游的"驴友",所以这个后期的回应环节很好地满足了驴友们旅行探索的心理,反而收获了一波好感。最后,网友纷纷表示,希望这名用户坚持到底,同时开启网络直播。这把事情引入了一个新的方向,也给马蜂窝带来了更多可持续的热度。

可以看到，在事件发生后，马蜂窝迅速捕捉到其中有利于自己的声音，让用户看到企业的诚意，同时激发大众新的兴趣点，在赢得好感的同时成功开启新的话题、得到持续关注，可谓一石二鸟。

在传播的过程中，企业要在不确定的风险中找到确定性。这有赖于前期的统筹规划，企业要对每个阶段的发展情况保持时刻的关注和警醒，同时准备好预案。

总而言之，爆品文案的传播，就是一个"将故事讲到大众心里"的过程。

传播贴士
Communication Tips

1. 引爆传播的三大路径：
    1）路径一，快速找到并对准传播靶心；
    2）路径二，确定爆品事件及核心文案的写作逻辑；
    3）路径三，规范爆品文案的传播轨迹，定向引爆。
2. 舆论的靶心是移动的，但有规律可循：靶心在大众的情绪里，在未来的时间节点里，以及在平台的空间里。
3. 要根据公众的情绪走向，找准信息传播靶心：
    1）判断什么事情或话题可能引发公众关注；
    2）判断这个事件或话题是否和企业有关系。

4. 当前能进入舆论场靶心的主要是故事，只有故事才能激发大众的参与欲望。
5. 形成爆品事件的四个步骤：
    1）针对可能关联的大众情绪，选定故事的核心角色；
    2）关联作为配角的外部主体；
    3）守正出奇，讲好故事；
    4）文案要短，以捕捉人们的注意力。
6. 规范舆论传播轨迹的三个环节：
    1）准备"枪支弹药"，明确要传播的信息和渠道；
    2）输送"弹药"，通过媒体引爆话题；
    3）引导信息的传播朝着符合自身利益诉求的方向发展。

第 3 章

练好传播的守正基本功
四维有效宣传

只有熟悉各类平台的
内容价值和生态，
才能恰到好处地
进行内容投放。
但不要忘记，
过犹不及。

第 3 章　**练好传播的守正基本功**
四维有效宣传

　　企业发布的内容要传播开，就需要聚焦内容生产和分发两个阶段，但问题是：在信息爆炸时代，什么样的内容才能脱颖而出？这就是我接下来将着重探讨的问题，我将从内容传播、媒介、社交平台和搜索这四个维度，来解答如何生产好内容以及如何选择传播渠道，为内容传播带来强大的势能。

内容：针对传播特点，优化标题及内容表达

　　随着互联网技术的发展，我们获取知识、内容的途径已经不仅仅停留在纸书上，而是可以拓展到智能手机、平板等各种设备上。

　　由于信息的庞杂，人们在接收信息的时候会进行筛选，但因为时间不够，人们常常会只看标题不看内容，在阅读时也缺乏耐心。现在人们的阅读习惯，逐渐从阅读文字过渡到看图片和视频。这样的阅读习惯导致"浅阅读""快阅读"成了时代的标签，人们不愿意花时间"慢阅读"、读经典，

也不愿意更深入地思考，阅读变得越来越走马观花、浅尝辄止。

墨香阅读和指尖浏览，到底哪种阅读形式通向未来？这个问题不仅有着深刻的时代烙印，更关乎阅读方式的选择。我在前面提到过，互联网的发展让阅读场景发生了巨大的变革。以前，人们的阅读场景是比较明确、固定的，但现在人们几乎可以在任何时间、任何地点阅读任何内容。以往时间和空间对阅读的限制，已经被移动互联网技术解除。

阅读场景的变化，引发了一场知识领域的大变革：传统的知识载体，即纸书上的订书钉被网络撬开了，知识、信息漂浮起来，成为碎片化的存在。网络放大了这些信息碎片，进而改变了人们的阅读心态。换句话说，面对海量信息，人们的信息焦虑也更严重了，觉得时间不够用，注意力也不能集中，读过的信息就像手中的沙子一样，记不住、留不下。

如何克服这种阅读危机呢？正确的方式不是在纸书和电子书之间进行选择，而是要创造一种全新的知识"装订"方式，从而给人们提供系统性认知。比如，微信朋友圈和微信群就是典型的虚拟阅读空间，通过微信好友这一"装订"方式，它们可以把人群聚集起来，形成信息交互的空间，从而吸引大众的注意力。如今，一些付费阅读 App 的成功反映出，网络使阅读场景升级之后，获取知识和"装订"知识的方式也在升级，人工"装订"知识大有用武之处。

接下来，我就从人工"装订"的维度，说一下在做内容传播时如何才能符合人们今天的阅读习惯。

三个维度优化标题，做好内容营销

互联网时代，标题决定了人们是否去阅读内容，所以标题是获取流量的入口，也是关键。怎样才能取一个好标题呢？我认为有三个维度可供企业参考。

第一，注意情感的储备和宣泄。情感特别容易引发人们的共鸣，我写文章的时候对这一点很有体会。如果标题能体现某种情绪，文章的阅读量往往就会飙升。情感共鸣对人们的吸引力非常大，当人们感受到标题中的情绪时，就特别容易点开看这篇文章，看看它到底是如何描述这种情感的。

那么，企业可以使用哪些方法来增加这种共鸣呢？

首先，要用好标点符号。很多爆款文章里的标题会用到感叹号。感叹号在标题中一般起到三个重要的作用：一是能表达强烈的情绪，二是能突出强调某一个人、某一件事，三是可以起到一种心理暗示。举个例子，当标题中用到"太强大了""太感人了""太美丽了""太漂亮了"这些词的时候，如果在后面带上感叹号，就会更醒目，更容易带动读者的情绪。

除了感叹号之外，常用的还有问号。问号表示疑问，人们看到问号之后，会下意识地有一种想找到答案的冲动。问号的主要作用就是勾起读者对某一个东西的疑惑与好奇心，让他们带着这种好奇心去阅读。最简单的做法就是把整篇文章的核心内容浓缩成一个问句，吸引读者去文章中找到答案。还有一种比较常用的标点符号是省略号,它代表的是欲言又止,常常表达一种言犹未尽、欲说还休的情感。

其次,在标题中用得比较多的是情绪性语言。情绪性语言放在标题中特别容易与大众建立联结,所以相对来说也更有感染力,更容易打动人,也更容易吸引人。但在使用情绪性语言时,需要注意一点,就是同样的内容不能频繁使用,否则容易让人产生审美疲劳,因此要不断更新内容。更新频率是有规律的,基本半个月更新一次,然后循环往复,这会提高大众对情绪性语言的热情,让大众保持新鲜感。

所以,注意情感的储备和宣泄,是优化标题写作的重要原则之一。

第二,直奔主题,陈述事实。 传统媒体文案写作特别喜欢用一些"高大上"的词语,这些词虽然很美,但和大众建立的联结非常弱。比如在传统文案的写作中,常常会用"气象万千""气吞山河"这样的词来做标题,这些都是好词,但太抽象,不够直白。

对于网络写作而言,标题的作用就是和大众迅速建立联结。如果大众在标题里找不到和自己相关的信息,就不会主动关注。联结可以依靠什么建立呢?事实性的、具体的信息其实是最好的素材。事实性的、具体的信息是什么呢?它实际上是指采用主谓宾结构或者主谓结构表达的信息。主谓宾结构或者主谓结构都是可以直接陈述事实的。这样的标题的好处在于可以一下子让人们知道某件事是什么,然后再判断有没有必要继续阅读。

陈述事实是标题写作中非常重要的一个要素，如果能抛开传统写作的理念，在具体的事实上找到可以打动人的细节，然后把这些事件的细节形成主谓宾结构、主谓结构的标题，那么文章就特别容易和读者建立联结。

除了陈述事实的标题结构之外，如果企业想要描述一些不够具体的信息，让信息产生悬疑的效果，也是可行的。

第三，想办法建立悬疑的结构。人人都喜欢故事，但人人都不喜欢能轻易猜到结局的故事。有一位编剧跟我分享过他的编剧心得。他说，编剧的角色，就是在讲故事的时候，绝对不能让别人猜到答案，他们越猜不到答案，就越喜欢这个故事。他说的这个现象，在写文章、做标题的时候也存在。只有标题激发了人的好奇心，才能让人产生马上阅读的冲动。很多时候，如果能够把标题写得特别具有悬念，就有很大概率能吸引大众的眼球。

五个方法打造爆款文章，让读者愿意阅读和转发

好标题能吸引人们的注意，接下来就要看文章内容能不能留住人们，让他们耐心看下去，看完之后还愿意分享，这一点也特别重要。因为标题的作用只是吸引读者打开文章，但是打开之后，如果发现内容根本不是自己想看的，读者就会退出阅读。这可能会导致以后再推出别的文章时，读者也不想看了，甚至取消关注，所以内容本身的质量特别重要。

如何才能提升内容质量，让读者愿意读下去并愿意分享呢？我提供五个方法供大家参考，也就是建立和五种要素的相关性，五种要素分别是情感、利益、智商、娱乐和故事。

第一，建立情感相关性。情感相关性如何体现呢？比如我们发现某篇文章的价值观和自己的价值观完全契合，满足了我们对一个事件的是非判断，那随之被带入的情感就是很强烈的。这本质上是价值观的代入，我们会感觉自己遇到知音了，能产生共鸣。举个例子，有文章里写了一个被欺负的弱者，许多人在看过文章后会生出一种罗宾汉情结，也就是会感到愤怒。然后，他们做的第一件事就是把文章转发出去，让更多的人知道有弱者在被欺负，然后呼吁更多的人一起行动起来帮助这个弱者。这就是情感相关性，它会让人们有特别强烈的转发动力。

第二，建立利益相关性。利益相关性体现在文章中的内容和读者产生了利益关联，换句话说，读者看完这篇文章之后，发现转发这篇文章其实就是在帮助他自己，那他当然有读下去并分享这篇文章的动力。

有一篇呼吁提高农民待遇的文章是一个新注册的账号发出的，它被转发超10万次，获得的点赞也特别多。这显然就是和农民群体建立了利益相关性。当这个群体看到文章作者为他们说话之后，便会觉得自己有了利益的发言人，当然要把这篇文章传播出去。

其实有很多利益诉求都是群体性的。一篇文章一旦满足了某一群体的利益诉求，就会和这个群体建立利益相关性。比如：有人为男性说话，就跟男性建立了利益相关性；有人为女性说话，就跟女性建立了利益相关性。建立利益相关性后，利益相关方读下去并转发文章的动力会很大。

第三，建立智商相关性。人人都有智商优越感，所以如果看到一篇好文章，觉得它谈到的问题很深刻，人们就会愿意转发。人们转发，一方面是为了让身边更多的人能够看到这篇文章，另一方面是希望别人能够看到他关注的问题多么有深度。智商优越感往往会贯穿一篇文章阅读的始终，所以能满足人们对智商优越感的需求的文章自然也能激发读者很强的阅读、分享动力。

一篇文章如果想要具备智商相关性，就需要有特别缜密的逻辑，能够满足人们对未知事物的渴望，文章思想也要足够深刻。

第四，建立娱乐相关性。其实人都是特别喜欢娱乐的，如果读到特别有趣的段子，都会想要分享。一篇文章也是如此，在表达的时候，如果能加入娱乐的元素，那人们分享、转发它的动力就比较大。比如，通俗科普把严肃的科普解构成通俗易懂的、有趣的文案或漫画，就会比较吸引人，也让人更有分享、转发的意愿。

第五，建立故事相关性。人们都愿意读情节跌宕起伏的故事，许多故事不到最后，人们猜不到结局是什么，但他们一定又会特别关心结局。如果一个故事能呈现各种复杂的人物、情节，充满悬念，那人们读下去的愿望是非常强烈的。为什么很多文章总在强调讲故事性？因为故事更容易让人们产生代入感。对于故事性很强的内容，人们持续阅读的动力是非常大的，而读完之后，因为故事太精彩，往往会有分享、转发的冲动。

总而言之，通过这五种方式拉近与读者的关系之后，就能在"近关系"中推动传播。

媒介：洞察内容价值和生态，差异化运营

在媒介维度要考量的，主要是与一切媒体沟通，从电视、广播到网络"大V"，一切可合作的媒体都在考虑的范围内。同时，还需要考虑投放策略，具体而言，就是针对各种可以使用的媒体资源，做好排列组合，让它们在不同的场域、不同的层次发挥作用，合力让信息在更大的范围内得到广泛传播。

想要做好这一点，就需要熟悉媒介的生态，了解不同媒体的投放价值。下面将从三个层次去认识各类媒介的价值生态。只有理解不同媒介的价值，才能更好地发挥它们的作用。

准确认识央级媒体

在我国媒体的价值排序中，央级媒体通常能在众声喧哗的网络舆论中发挥一锤定音的作用。那么，央级媒体到底有哪些呢？

央级媒体主要是指中央新闻单位，比较常见的包括人民日报社、新华通讯社、中央广播电视总台、求是杂志社、解放军新闻传播中心、光明日报社、经济日报社、中国日报社、科技日报社、中国新闻社、中国青年报社、中国妇女报社、法治日报社等。

然而，很多人对央级媒体的认知存在偏差。比如，很多人认为微信公众号"踏浪青年"是央级媒体，其实它是人民日报社旗下子公司人民日报数字传播有限公司控股的另外一家公司所开设的微信公众号。严格意义上讲，这个公众号并不能算作央级媒体。

也就是说，央级媒体的"子子孙孙"不能算作央级媒体。比如人民日报社的《人民论坛》《民生周刊》《环球时报》《新闻战线》，以及新华通讯社创办的《新华每日电讯》《经济参考报》《半月谈》《瞭望》等声誉颇高的子报、子刊，都不能算作央级媒体。另外，像新华网、新华网客户端等随着互联网传播的兴起而兴办的各类子网、子端，也不能算作央级媒体。

在互联网领域，也有央级网站，主要是指中央重点新闻网站，包括人民网、新华网、中国网、国际在线、中国日报网、央视网、中国青年网、中国经济网、中国台湾网、中国西藏网、央广网、光明网、中国军网、中国新闻网、人民政协网、法制网等。这些中央重点新闻网站作为党和国家的重要宣传阵地，承担着网络舆论引导的职责。

无论是子报、子刊还是子网和子端，它们发挥的正能量作用与央级媒体都是一致的。

充分认识地方媒体

地方媒体主要包括各地方的报纸、电视台、广播电台和网络权威媒体。

报纸主要是日报和当地的都市类报纸。日报的权威性很强，在报道和评论定性上有着得天独厚的优势。而像《新京报》《扬子晚报》《都市快报》这样的地方性报纸，本身具备很大的影响力，信息辐射的能力可能已经超出了本地的范畴，所以也具备一些独特的优势。

和地方日报稳定的订阅生态不同，整体上，电视台遇到的挑战是前所未有的。今天，很多电视台的新闻节目因为有了抖音、快手的二次传播，变得越来越有影响力了。一些地方电视台的综艺节目也很有影响力。所以企业在判定内容传播的适配度上，既要判定节目的受众范围，也要判断这些节目在视频平台上的二次传播效果。

此外，地方广播电台通过自建平台打造出了一批具有自身特色的App。虽然从目前的效果来看，在数以万计的资讯类客户端市场上，主流媒体真正成功转型的案例屈指可数，但比起普通的多频道网络（Multi-Channel Network，MCN）机构，广播电台作为国有企业，有政府公信力背书，所以在拓展本地产品、文化，打造具有地方特色的直播电商服务平台等方面具有独特的优势。虽然喜马拉雅等平台的出现使很多电台节目都受到了影响，但大体而言，地方电台还是地方主流媒体，生态相对简单。

相比以上几种形式，地方媒体中价值和内容形态最复杂的就是地方的网络媒体了。其中人们最容易关注到的是主流媒体的新媒体账号。比如新京报的"我们视频"和贝壳财经在粉丝规模上都是可圈可点的。

但只了解这些地方主流媒体的新媒体账号显然是不够的，在这之外，还要熟悉当地网络媒体平台的特征。比如 10 年前，湖南一个靠几千元起步的张家界新闻网，经过短短 3 年的发展，其经营收入竟超过有着 20 多年历史的张家界日报社。

现在基本所有传统媒体都已经认识到，转型的方向在网络，所以各地都以媒体融合发展的形式推动地方重点新闻网站和 App 的建设。目前，发展比较好的有澎湃新闻、红星新闻、界面新闻、封面新闻等，它们都很有声势。

地方新闻网站在地方新闻的权威性、公信力方面，享有得天独厚的优势。如果能在这两方面下足功夫，就能靠权威媒体的公信力，打造一个地域权威媒体，吸引更多的用户，让媒体功能更加完善。

同时，地方重点新闻网站也能够依托官方媒体的权威性，为所在的城市或地区提供全方位的互联网服务。比如湖南红网用一系列子品牌，如百姓呼声等，逐步建立了红网这个大品牌。和传统媒体相比，网络媒体的盈利模式更加多元，互联网技术的迅猛发展让它们的盈利模式更丰富，具备更加广阔的前景。

不过需要注意的是，当前地方主流媒体在进行网络转型时也面临着一些困境。比如这些单位的主要人员是传统新闻从业人员，所以在技术规划、技术研发、技术支撑等方面存在明显的劣势。这导致大多数地方主流媒体依然在用传统方式办网，对网络媒体的优势缺少把握，很难破茧而出。

广泛熟悉商业平台

商业平台早期最成功的例子，就是门户网站。虽然雅虎已经退出了中国大陆市场，但当年门户网站的兴起，就是雅虎开了风气。1998—2000年，中国门户网站集中上线，1999年搜狐推出新闻及内容频道，奠定了综合门户网站的雏形，也开启了中国互联网门户时代。2000年，新浪、网易、搜狐等门户网站纷纷在纳斯达克挂牌上市。

新浪、网易、搜狐三大门户网站能够成为那个时代门户网站的代表，是有一定原因的。因为中国的网民在20多年前的那个时间节点，核心诉求是解决"上网干什么"的问题，无论是当时的三大门户，还是后来的搜索引擎和网址导航，都是在解决这个核心诉求，所以它们也得以成为当年互联网的入口产品。而网站掌握了入口，也就掌握了流量，就有了清晰的商业路径。在那个时期，互联网是一片蓝海，有很大的想象和操作空间。其他赛道上的公司，既没有流量的来源，也没有清晰的商业路径，这些客观原因都决定了那个时期注定是互联网的门户时代。而后，腾讯凭借QQ，一步步推动了门户网站建设，凤凰网也紧随其后，成为门户网站梯队中的后来者，成功分到了一杯羹。

进入移动互联网时代后，大量的门户网站又开始投入新闻客户端的建设中。2010年10月，腾讯新闻客户端的第一个版本在苹果商店上架。搜狐、网易、新浪也在此前后推出自己的新闻客户端。有意思的是，因为这4家网站在PC时代已经积累了非常丰富的编辑经验，所以他们在新闻客户端的早期动作，基本沿袭了传统的内容生产风格——对海量内容进行精编推送。但这种用传统的编辑手段对移动端资讯平台进行建设的方式的效果显然并不理想。

这些新闻客户端的用户增长速度，都被一个后来者——今日头条超过了。今日头条客户端的第一个版本是 2012 年 8 月发布的，在此后一年的时间里，它的用户数已积累超过了 5 000 万。今日头条和传统网站转型的新闻客户端的差别在哪里呢？

传统网站转型的新闻客户端虽然拥有海量信息，但推送方式依然是传统的。首页新闻依托的是编辑千锤百炼的热点捕捉能力。从理论上分析，无论编辑的经验多么丰富，都无法保证每个人都对推送的信息感兴趣。

今日头条通过技术手段实现了个性化推送。它允许用户用微博或 QQ 账号登录，通过获取用户的基础信息，能在 5 秒内用算法解读用户的兴趣点，并且在用户每次动作后的 10 秒内更新用户模型，从而进行精准的个性化推送。今日头条的首页新闻不是根据编辑的选择呈现的，而是根据用户自己的兴趣呈现的。一言以蔽之，今日头条改变了人工精编推送的历史。所以今天，在新闻客户端领域，今日头条已经独步天下，凭借其用户优势和流量优势，成为新的互联网巨头。

除了新闻客户端，微信、微博、抖音、快手、B 站等视频社交平台，也成了网民获取信息的主要渠道。此外，天涯、豆瓣、百度贴吧等网站，不仅带有社交属性，还在内容生态上各有千秋，同样值得关注。另外，从商业的角度考虑，百度、360、搜狗这样的搜索引擎也属于这个范畴。

在商业平台的版图上，还有很多垂直类的媒体平台，比如科技类媒体平台 36 氪、钛媒体、虎嗅，财经类媒体平台同花顺、雪球、东方财富网，医疗类媒体平台寻医问药、丁香医生，问答类媒体平台百度知道、知乎。相较于前两个层面，商业平台的生态太丰富了，一言以蔽之，就是眼界要够宽，才能找到适合合作和投放的渠道。

企业在做内容投放的时候，该怎样结合自己的实际情况做出选择呢？这是一个必须回答的问题。就我的经验来看，很多企业（包括很多上市公司以及准上市公司）虽然规模很大，但在进行内容投放的时候往往视野受限，即便不受限，它们也不清楚不同平台的价值和作用。企业在进行内容投放的时候一定要熟悉各类平台的内容价值和生态，恰到好处地投放内容，坚持适量原则，避免过犹不及。

社交平台：把握平台传播逻辑，制造热点

网络上每天会产生海量内容，想要让这些内容被更多人看见，就需要流量的曝光。如今，想要获得流量主要有两个维度：一个是社交维度，一个是搜索维度。我们先来谈一下社交平台的流量获取。必须说明一下，具备社交属性的平台非常多，下面主要以微博、微信和短视频平台三种社交平台为例，来说说怎样把握好这些平台的内容传播逻辑，获取有效流量。

总体来说，这三种社交平台都具备制造全民热点话题、引爆品牌传播的能力。微博是最大的开放话题广场，也是以最低成本打造爆款话题的社

交平台；微信是最大的打通公私域流量的平台，内容是否刷屏，主要还是看微信的朋友圈动态；短视频平台是最大的下沉流量平台，囊括了老、少、中、青多年龄段、多层次的群体。所以在做内容投放之前，企业必须熟悉这些平台的基础逻辑，才能做到有的放矢。

微博：最大的开放话题广场

微博内容生态、内容逻辑的构建，有两个非常重要的支持元素：一个是平台的开放性，一个是由此衍生的强大的互动效果。

从平台的开放性的角度来说，微博有足够的开放性和包容性，占据了最多的公域流量资源，在社会性话题上能吸引极大的关注。比如，微博上聚集了大量的意见领袖，粉丝动辄千万计，意见领袖们的任何一条动态都有可能成为全民关注的焦点，这也是微博在成立十几年后仍然能够保持传播效果的重要筹码之一。

想要在社交媒体上制造热点，除了发起优质的话题和拥有头部账号之外，还有三个特别重要的元素：首先，内容足够短，即一篇微博不超过140个字；其次，发布要快，即用户随手写的文案、拍的图片、视频稍加编辑就可以立即发布；最后，场景要开放且类型多样，微博上包括热搜场景、话题场景、超话场景、热门场景、频道场景等多种玩法，人人都可以参与其中。微博的内容逻辑完全具备了以上三个元素。

事实上，微博的传播优势被低估了。比如从传播速度角度来看，在微博上让几百个意见领袖同步一个话题轻而易举,但无论是在短视频平台还是在微信平台,这都是不容易做到的。

最近几年,微博围绕着开放平台的属性陆续推出了许多功能,有帮助企业变现的工具,也有提升互动性的工具,都做得比较成功。比如粉丝头条是微博面向普通网友的一个推广功能,在使用粉丝头条功能的 24 小时内,网友发布的信息将出现在所有粉丝信息流的第一位,这个功能是普通网友获取流量的利器。另外一个面向普通网友的服务,就是它的话题榜单功能,这个榜单能够在一定程度上平衡不平等的互动关系,进而体现出普通网友在热点话题中的作用。

那么,如何评价微博的传播效果呢?这就要提到刚刚说的平台逻辑构建的第二大支持元素:强大的互动效果。微博的传播效果,其实主要考量那些粉丝数量几十万以上的账号的传播效果到底有多真实。对这些账号而言,最能体现传播效果的指标,不是阅读量,而是互动的效果。为什么这么说呢?来看看阅读量是如何统计的。

微博的曝光量和阅读量的统计范畴是有差别的,阅读量只统计信息出现在个人主页和首页的信息流,曝光量统计的范围要大于阅读量,因此曝光量会大于阅读量。具体到企业自身在微博账号的运营上,我认为需要重点考虑三方面问题。

- **第一,要能生产段子**。杜蕾斯微博运营的成功,就是靠那些击中热点的段子频繁登上微博热搜的。

- **第二，要熟悉流量入口**。微博的主要流量入口，包括广场、热搜、超话等，企业的内容只有进入这些流量入口，才能得到更多的流量曝光。
- **第三，要注意发布频次**。微博的传播特点是碎片化，人们在微博上一次停留的时间不会太长，所以为了保证发出的信息能被人看到，就要提升信息的发布频率。一般来讲，在每天早上6点到半夜12点间，可以保持一小时最少发一条微博的频率。

微信：打通公域、私域流量

和众声喧哗的微博不同，微信主要满足的是现实生活里熟人圈中的网络人际需求，让彼此在网络上的交流更加及时通畅。对于企业来说，微信中有三大区块非常重要，分别是朋友圈、订阅号、社群。

朋友圈。朋友圈主要满足的是亲人、朋友间的交流需求。在朋友圈中，任何人都可以获得亲朋好友的关注、评论和点赞，这可以让人们在闲暇时间里更好地维护人际关系。

在媒介的属性上，朋友圈非常符合互联网去中心化的要求，它让每个人都能有一个在现实人际资源中展示和推广自己的舞台。和微博不同，在微信朋友圈里，人们的言论都将受到来自现实社交圈的约束。在熟人面前，人们更愿意展示积极的一面，因为这样能在现实的人际关系中获得更多好评。

所以，微信用户在朋友圈中传播的内容一般都是用来黏合亲友关系的，比如生活中真实的照片、笑话、故事等。

综合以上内容传播的逻辑，我们可以看到，朋友圈最大的价值是将现实社会中的亲朋好友联结起来，所以某个信息一旦刷屏，传播便势不可当。此外，特别有影响力的人转发的内容也能对刷屏起到很大的帮助作用。实际上，互联网公司早就注意到了这一点，它们都很愿意请名人在朋友圈传播自己的产品和活动，这已经形成了一种共识，达到的传播效果也是非常好的。

订阅号。和微博可以无限次地发布信息不同，订阅号的信息每天只能发送一次，一次最多发布 8 条。这一发布规则决定了运营者必须精心打造内容，才能达到预期的传播效果。

订阅号的这个规则，可以看成是对传统纸媒的发布规则的一次复制，比如订阅号的群发功能，每天一次消息推送，相当于传统投递员的功能；自定义回复功能，相当于传统纸媒的客户服务功能；素材管理，相当于传统纸媒的排版印刷功能；用户管理，相当于传统纸媒的发行部功能；流量主，相当于传统纸媒广告部的盈利功能；分析功能，包括图文、消息、用户、接口，相当于传统纸媒新闻研究室的功能。这些对于传统纸媒功能的复刻，虽然会在一定程度上影响微信中信息呈现的密度和及时性，但却激发了有整理和创造内容能力的个体进行个性化的、低成本的、接近传统纸媒内容品质的努力和尝试。

除了这些功能之外，订阅号还有独特的自定义菜单功能、广告主功能和投票管理功能。自定义菜单功能非常强大，它使得微信订阅号不单单是一个媒体，还成了强大的用户入口。订阅号的运营者可以根据业务需要，通过自定义菜单实现一些功能，比如支付、团购、报名等，不一而足。所以，自定义菜单功能使得订阅号本质上又完全区别于传统纸媒，因为它具有开发性，所以实际上更像一个独立的App，能够根据运营者的意愿，实现独立网站或者App的功能，唯一的限制就是这些功能的实现，必须在微信这个平台上完成。

广告主功能可以帮助运营者推广订阅号。和其他推广功能相比，这个功能的优势在哪里呢？如果仅仅是在微信朋友圈里推广其他平台的订阅号，用户捕捉的仅仅是一次性信息；如果推广的是App，那么对很多用户而言，下载起来就会非常麻烦，无形中就提高了推广的难度。但如果推广的是微信订阅号，当进入微信的推广系统时，用户一旦看到推广信息并有关注需求，就可以轻松实现一键关注。

传统纸媒都是给别人做广告的，很少给自己做广告。当任何人都可以在微信上打造自己的订阅号时，广告主功能就打通了曾经壁垒分明的广告模式。在这样的平台中，每个订阅号都可以为别人做广告，每个订阅号也都可以成为广告对象。

今天，微信订阅号中的头部账号收费很高，微信头条几十万元的报价对头部账号来说都是平常的事，这体现了微信订阅号的优势。而且，很多刷屏的文章主要还是由微信大号完成的，这些内容最后落到传播终端时，最好的场景是微信订阅号的文章嵌套到朋友圈生态的传播形式，一旦到了每个人都愿意接力转发的阶段，朋友圈刷屏便完成了。

社群。现在很多企业都在运营自己的微信社群，这么做的原因在于，社群的黏性比媒体的黏性强很多。不过每个社群的黏性也会根据社群的属性和运营方法而有所差异。我接触过很多微信社群运营者，他们想出了各种门槛来过滤社群的用户，比如付费入群、接受管理条件等。如今付费的微信社群越来越少了，但社群更容易配合大众账号阅读、转发，依然有一定的价值。

短视频：赋予大多数人话语权

今天，短视频的流量太大了。但这些流量大部分都集中在个人账号中，比如抖音、快手都是个人IP的主战场。和微博、微信相比，企业运营的短视频账号很少有特别成功的。其中的原因是什么呢？

最重要的一个原因是微博、微信主要是用文字和图片建立内容，而短视频主要是靠主播形象和语言建立内容。文字和图片，可以集团队之力打造出一个风格，即便之后运营的人换了，只要能延续这个风格，对用户的影响就不大。但对于短视频来说，主播形象非常重要，一旦换人，用户就会觉得内容也变了，短视频的核心是"脸熟"。

企业想要运营短视频，可以如何做呢？我建议使用卡通人物面具。就像北京环球影城的威震天，和他相关的话题在许多短视频平台都是热门，假设这中间威震天会换人来扮演，只要它话痨的属性没有改变，其实观众在观感上并不会有太大的不同。从这一点上来讲，有关威震天的视频可以持续和北京环球影城产生关联，这就保证了视频流量的稳定性。

相比前两种社交媒体，短视频的内容逻辑是如何构建的呢？其实短视频的内容逻辑，完全是去中心化的社区生态。短视频的同城栏目，其实是地域社交。也就是说，在内容和平台的关系上，实际上只有一个时间轴在起推荐的作用。任何人，只要把视频传播出去，就可以在某个时段成为同城这个子平台的首页和中心。剩下的事情，就是比拼内容关注度和积累的粉丝数量。

这其实非常类似于论坛的树状传播结构。这种传播结构的优势是，它给每个人展示的机会，任何人要想成为中心，成为意见领袖，就要在内容上寻求突破。

正是这样的内容逻辑使得每个人都可以成为中心，每个人都可以为他人点赞。短视频在陌生人之间完成了去中心化的社交生态。如果用更通俗的话来说就是，在话语权的建立方式上，微博靠资源优势，微信靠生活纽带，而短视频靠平台才艺。

不过，短视频去中心化的特征，让它在现阶段迅速积累了大量由草根用户成长为网红用户的同时，也忽视了一部分传统用户的感受。用文字和图片来创作的人大都是有一定文化基础的群体，但短视频创作的门槛较低，任何人对着手机录一段、喊几句，都能完成。很多人在使用短视频进行创作的时候，不会有心理包袱和很多顾虑。

现实社会里的普通人都有自己的社交关系。短视频平台把这些普通人的表演搬到了平台上，并且在时间和空间上将他们的这些表演资源全部重新盘整了起来。在时间上，一次性表演变成了不限时、不限量的积累；在空间上，跨村庄、跨乡镇、跨省市，甚至跨国际，帮助人们去建构新的社交关系，提供新的舞台观众。短视频为普通用户成为新媒体精英创造了高效全新的渠道，在某种程度上也打破了传统精英的格局。

短视频去中心化的社交结构成就了三种内容提供者：主播、达人、段子手，他们的创意很好，他们提供的内容也能满足各个群体的需求。

企业在内容的推广合作和投放上，不妨打开思路，在体现差异化与特色的基础上，把自己的内容拓展到更多的平台和渠道上去。

搜索：洞察平台搜索价值和生态，打通信息扩散渠道

以前互联网的搜索领域是百度一家独霸天下，但是随着竞争的激烈化，各个平台都接通了自己的入口。如今的互联网到处都是搜索的入口，大家会使用各类搜索引擎去寻找自己想要的信息和资源。因此，整个搜索的生态都改变了，以前是一枝独秀，如今是百花齐放。

今天，从传播的角度来看，几乎只要有搜索，就有传播的渠道。企业在利用平台的时候，也被各类搜索平台瞄准，成为目标用户。可以说，搜

索无处不在，传播也无处不在。在这样的生态下，企业首先需要理解多元化的平台各自的价值点是什么，然后才能针对需求选择渠道去传播，最大化利用渠道价值，达到"一击即中"的目的。

搜索的生态非常丰富，这部分内容主要起到提纲挈领的作用，为企业打开搜索的视角。接下来，我就从四个维度论述搜索的价值和生态，以及如何利用好这些价值，打通信息传播的渠道。

搜索引擎优化

搜索引擎优化（Search Engine Optimization，SEO）是遵循搜索引擎的规则对企业网站相关的产品、品牌内容进行优化，从而提升企业网站在搜索引擎内关键词搜索结果的自然排名，使得品牌和产品的曝光增加的一种方式。

只要上网，几乎都要用到搜索引擎。所以，对产品而言，这个渠道算是一个最基本的宣传途径。随着互联网的不断发展，SEO 的方式也在不断发展迭代，总体来看，这个发展过程经历了三个阶段：

- SEO 1.0 时代，主要是依靠站内引流，比如在站内优化官网呈现的基础内容，以提升搜索的排名，引入流量。
- SEO 2.0 时代，不仅靠站内引流，还要加上软性推广，包括一些软文，把内容植入大众的大脑，也就是站内站外两手抓，在优化官网基础的同时提升站外搜索表现、进行双向推广。

- SEO 3.0 时代，触达方式开始从平面转向立体，结合多渠道布局、立体化营销等方式，通过站内、站外和新势力平台三管齐下，产生病毒式扩散的口碑传播。

在 SEO 营销闭环中，整体的过程是这样的：第一步，通过主流搜索引擎以海量信息吸引用户，实现信息的首次触达，引发用户的购买欲望；第二步，头部社交媒体以高质量信息截留用户，推进深度了解；第三步，引导和促进用户完成购买。这还不算完成，用户产生购买行为之后，当产品和服务带给用户好的体验时，就会形成良性口碑。此时用户就会有再次购买的需求，同时还会推荐给身边的人。这些环节加在一起，才算是完成了一个完整的 SEO 营销闭环。

SEO 3.0 时代的价值和生态是怎样的呢？在立体化的营销设计中，SEO 可以覆盖搜索全路径，全面截留目标用户。在这个过程中，企业还可以洞察用户的搜索行为，主要是研究哪些用户针对企业及其产品进行了搜索，使用了哪些搜索词，再根据这些搜索词在各个搜索节点布局。最终的目的是从单纯地通过产品赢得用户信任，到全方位地为品牌获取目标用户，提升品牌传播效果。

官网基础优化

在搜索优化的众多选项里，最重要的是哪一项呢？就是品牌官网的优化。因为官网的展示最全面，也更加细腻、更加形象，更容易打动、转化用户。

为了让用户在搜索某个关键词时能够第一时间进入企业的官网，很多企业在官网的搜索优化上投入巨大。如果想要不花钱或者少花钱地让企业官网排名靠前，就需要其他维度的准备。这主要是从内容、结构、链接等方面对网站进行诊断分析，提升网站搜索引擎的友好性，增加页面收录、提升页面基础排名等。

下面我从实际的情况出发，论述一下企业官网的排名、流量以及增长等各方面可以如何做好优化。

首先是官网排名优化，主要是针对"品牌官网在各类关键词下排名不佳"的现状。 比如，某品牌创意集团是品牌创意设计领域的翘楚，但在百度搜索"品牌设计"这个关键词的时候，这家品牌创意集团并没有排在第一页，排名第一的是一家并无多少影响力的企业，显然这家企业对排名进行了优化。排名优化之后，指定关键词下的搜索页会出现品牌官网，可以实现在行业关键词下完成品牌官网的占位，最后达到大量引入自然流量、树立品牌权威的目的。

其次是官网流量优化，主要针对"品牌官网流量低、点击人数较少"的现状。 网站的流量，主要依靠权重。对于同样的内容，权重高的网站发布后，更容易被搜索到、被点击到。用户搜索的时候，一定是权重高的网站更容易通过用户点击某个词获得这些流量。获取这种流量的渠道很多，最简单的变化还是频繁提供优质的内容。任何搜索平台都愿意用户在自己的环境下搜索并搜到有价值的内容。所以，企业网站应该提供既符合行业定位，又符合用户阅读喜好的内容，这对自身的流量提升来说特别关键。

流量优化之后，可以引入自然流量，提高网站活跃度；也可以实现官网流量的跨梯度提升；还能实现第三方平台预估，让官网在对外展示时可信度更高。

最后是官网增长优化，主要适用于对转化较为关注的企业。关于官网增长的优化，企业需要明白的一点是，增长优化的价值在于提高用户黏性，促使其转化。同时，这也是一个极具性价比的投放策略，能够用较低的成本获取品牌用户。

总体来看，官网优化遵循的是这样的逻辑：先要进行用户洞察，再制定对应的营销策略，这期间要通过多渠道获取、人工智能筛选分类、海量爬取等形式，来海量获取行业词库，并进行分析和存储，最后基于此进行网站优化，通过分析页面竞争力和引流差距、关键词覆盖差距，最终实现排名提升。

这是基于大数据驱动下的全流程营销逻辑，包含市场研究、营销传播策略、云拓扑系统、人工智能获取、精准排名优化系统等，其中专业的技术需要配合公关策略来进行操作。

环境产品优化

环境产品优化指的是围绕与产品相关的一些隐性评价指标进行优化。在 SEO 和官网这两种直观的传播领域之外，其实还有很多围绕企业和产品形成的更大圈层的隐性搜索指标，会影响用户在获取企业品牌、产品信

第 3 章 练好传播的守正基本功
四维有效宣传

息时的认知和判断。

环境产品优化的主要逻辑是：首先在搜索入口处引发关注，这需要搜索入口的下拉优化；其次在搜索结果页面利用图片优化、百度地图和首页控制来激活用户，让用户产生兴趣；最后在渗透层进行留存转化。什么是渗透层？就是渗入用户大脑的更深层面，包括口碑优化、贴吧优化、百科优化、文案撰写发布优化、最新相关消息优化等。

在这个过程中，企业需要洞察用户的搜索行为，选择合适的互联网呈现位置，从搜索入口到内容展现做全方位优化，再用软性的方式提升权威、建立口碑，在提高品牌曝光度的同时赢得用户的好感。

环境产品优化的渠道很多，需要细致分解。针对不同的问题，需要做出的选择是有区别的。

第一，下拉优化。这一渠道针对的是"品牌曝光度低或竞品抢占通用词下拉区域"的情况。比如在百度搜索框中搜"招聘"二字，就会出现某些招聘网站的下拉信息，这对这两家企业的曝光当然很有帮助。通过下拉优化，可以在搜索入口处曝光品牌，还可以借助竞品来增加品牌的曝光度，拦截竞品用户，最后引流至品牌官网所在页面，完成用户迁移。

第二，图片优化。这一渠道适用于"品牌缺乏行业曝光或产品外观对用户有吸引力"的产品。图片的搜索权重很高，用某个关键词搜索到的图片排布位置是可以干预的。图片优化的价值在于，可以在图片专区占有优势位，获取海量曝光；如果有新产品图片持续更新，可以借此实现热度的贴靠曝光；还可以通过图片链接跳转至官网、电商网站及新闻等，实现有效引流。

第三，口碑优化。这一渠道针对的是"品牌无讨论热度或竞品口碑表现强势"的产品。有一个以便宜而家喻户晓的电商平台曾经受到的投诉并不少，但经过口碑优化，网上关于它的负面讨论和相关搜索词可能已经不多了。口碑优化的价值在于突出卖点，深度剖析品牌；从用户体验角度出发提升美誉度；在和竞品的对比中产生差异化优势。

第四，文案撰写发布优化。这一渠道针对的是"品牌优质内容少，口碑建设不足"的问题。联想就很需要在文案的撰写和发布方面进行优化。它需要找第三方多撰写、发布一些高级软文，和它的事实面匹配起来，从而提高大众的好感度。这个渠道的价值在于，有利于软性传播品牌信息，提升好感度；能够增加品牌优质口碑输出，提高正面声量。

除了以上渠道之外，还有一些常见的搜索优化渠道，也可以帮助增强用户对于品牌的认知，提升好感度，增强用户黏性。

- 最新相关信息优化，可以让产品在通用词首页占位，获取海量曝光；贴靠热点，利用粉丝效应提升用户认知。
- 百科优化，建立品牌网络名片，提升品牌公信力；提高新品与品牌的关联度，提升新品权威；将行业热门词条植入品牌信息，借势曝光。

- 首页控制优化，提升首页展现的丰富度，树立品牌形象，坚定品牌用户信心。
- 贴吧优化，维护品牌形象，防止舆论扩散；在提高品牌讨论热度的同时，引导贴吧讨论风向；精准人群触达，并且坚定用户选择的信心。
- 地图标识优化，建立品牌的地域化标识，帮助用户精准定位品牌门店；同时也可以传达官方门店资讯，最大化避免虚假信息的干扰。

可以看到，这个部分囊括了很多隐性的外围传播渠道，相当于在直接传播之后，从多个维度与大众进行不易察觉的信息对接，如春风化雨般对大众进行潜移默化的认知和决策影响。

泛优化

在传播领域，无论何时，企业都需要具备一种思维，就是"只要有流量的地方就有传播渠道"。所以在大部分人都聚焦于常规渠道时，企业也不能忽视一些其他渠道。我将这些渠道称作"泛优化渠道"。

泛优化渠道是在多平台多维度进行传播，实现刺激需求、品牌被广泛了解的目的。随着各类新平台的崛起，各类平台越来越细分。不同平台由于其自身特质千差万别，聚集的人群差异也是很大的。比如小红书的用户往往女性居多，知乎则聚集了更多文化水平较高的群体。企业的产品要去寻找垂直人群，就需要细分平台，才能最快速地找到目标用户。因此，企业对于不同平台的个性特征，也要有充分细致的了解。

目前，活跃的平台包括今日头条、小红书、知乎、微信、微博，以及一些主流视频平台，比如爱奇艺和优酷等。

今日头条。它属于内容分发平台，日活跃用户数规模很大。根据算法，今日头条的内容分发可以达到千人千面，智能触达目标人群。

其下拉搜索的优化价值在于可以实现第一时间曝光品牌，聚焦用户，洞察用户行为，引导用户至优质页面的目的。排名优化适用于品牌资讯速递及品牌热点事件排名，优化价值在于可以让品牌和产品贴靠大势事件，提高品牌曝光度，及时传递品牌信息，树立优质形象。推荐优化可以用来配合阶段性的品牌营销活动宣传，优化价值主要在于首屏推荐，可实现短时间内高曝光量；定向投放，精准触达目标人群；权威背书，坚定用户的购买决心。

小红书。这个平台如今已经成为非常热门的"种草"平台，用户规模非常可观，新增用户量也很可观，它是典型的社区电商平台。

小红书的下拉搜索优化主要有这样几点：针对推广热门单品、传播用户体验等进行优化，优化价值在于可以在入口曝光品牌，给用户留下第一印象；拦截竞品用户，借助竞品曝光来引导潜在用户向品牌靠拢。关键词排名的优化适用于热门单品种草和传播用户体验等，可以让产品贴靠行业热词，引发用户主动点击；通过意见领袖分享，提高用户信任度；在和粉丝的互动中提升好感度。话题页排名优化适用于推广热门单品、传播用户体验等，价值在于贴靠热门话题，使流量自然引入；集中曝光同一话题热度，使用户兴趣及定向高度重合。

知乎。作为一个知识营销阵地，知乎已成为中文互联网最大的知识分享平台，日回答分享量很大。知乎平台的回答置顶和问题创建优化功能适用于用户存在产品认识误区、需要宣传品牌"黑科技"的情况。企业可以通过回答置顶优化功能让品牌回答位列第一，引导用户点击；邀请行业热门IP，提升品牌公信力；提升品牌的二次曝光度，增加传播力度；通过问题创建优化功能，打造讨论热度，吸引潜在用户关注；输出优质内容，提升品牌形象。知乎还可以做热榜优化，其价值在于能迅速获取问题热度及关注人群；通过自然引流，提升品牌声量。

微信。作为日活跃用户数超多的应用，微信毫无疑问是一个高活跃度的平台，可以实现闭环式传播。在微信中可以做的有两方面——下拉优化和搜一搜优化，两者都适用于品牌大事件或热点。下拉优化可以借助微信流量优势，吸引更多关注，在入口曝光品牌，引导用户至优质页面。搜一搜优化可以传播产品核心卖点、链接场景，通过行业优质大号进行口碑背书，在高搜索量热词中优先占位。

微博。由于其内容精炼短小、容易传播的特质，微博如今月活跃用户数依然惊人，是流量聚集地。微博的下拉优化适用于代言人推广、热门活动赞助、新品推广等场景，企业可以借助微博热搜，放大品牌声量，第一时间曝光品牌，凝聚用户关注度，贴合用户关注点，引导用户选择。

除此之外，一些视频优化渠道也值得关注，它们与上面提到的几个平台具备差异性。比如优酷和爱奇艺这两个视频平台，月活跃用户很多，有海量曝光度，往往适用于品牌宣传片、赛事赞助等，优化价值在于可以实现品牌强势曝光和首页强势曝光，实现流量自然导入，还可以输出品牌优质形象，赢得好感度。

对企业而言，什么平台的什么功能值得购买？可以做排名优化，很适合进行新品推广、产品推介等的平台，以及可以实现深度内容输出，坚定用户购买决心的平台，都值得购买。能够占据核心展示位，实现曝光最大化的平台功能值得购买。

SEO、官网基础优化、环境产品优化、泛优化四个维度是从直接到间接、从显性到隐性、从硬广到软广的逻辑，不同的渠道有不同的特质，因此，企业需要对每个平台的价值有更为深入的理解，才能找准适合产品不同需求的信息传播渠道，与用户进行精准的链接，实现高效率传播。

综合来看，这是一种全网矩阵式营销。一方面，企业可以通过SEO优化品牌占位，让品牌获取大量曝光，让用户在各个地方发现品牌；另一方面，企业可以通过软性传播来构建另一维度的认知，比如以用户生成内容（UGC）为核心驱动力，淡化广告感，深化用户对产品的全方位了解，让用户更贴近品牌。此外，企业还可以通过多场景渗透、立体化营销，让传播更具说服力，获取用户的更大信任。

第 3 章　练好传播的守正基本功
四维有效宣传

传播贴士
Communication Tips

1. 四维有效宣传：
    1）内容：针对传播特点，优化标题及内容表达；
    2）媒介：洞察内容价值和生态，差异化运营；
    3）社交平台：把握平台传播逻辑，制造热点；
    4）搜索：洞察平台搜索价值和生态，打通信息扩散渠道。
2. 三个维度优化标题，做好内容营销：
    1）注意情感的储备和宣泄；
    2）直奔主题，陈述事实；
    3）想办法建立悬疑的结构。
3. 五个方法打造爆款文章，让读者愿意阅读和转发：建立情感、利益、智商、娱乐或故事的相关性。
4. 媒介的价值生态分为三个层次：央级媒体、地方媒体和商业平台。
5. 在制造全民热点话题、引爆品牌传播上，能力最大的三个社交平台是：微博、微信和短视频。
6. 最大化利用搜索价值和生态的四个方面：搜索引擎优化、官网基础优化、环境产品优化和泛优化。

第二部分

如何有效应对舆论危机

导读

第二部分聚焦网络舆情的高效研判、科学处置舆论海啸和舆情危机常规应对手段三个维度，集中探讨了如何科学、合理、有效地应对舆论危机。

在书中，我将 20 多年的从业经验倾囊相授，把众多真实商战中的舆论攻坚战拆分细解，致力于给大家带来"后起之秀得到武林秘籍"的即视感。

第 4 章主要通过研究网络舆情产生的主体、原因、目的、路径、信息切面和公众反馈等方面，为快速、科学地研判网络舆情提供一张思维导图。第 5 章作为本书的经典章节，演绎了一场"防守反击战"，帮助读者厘清如何研判"战场"上的舆情窗口，如何根据本方火力进行排兵布阵，以及反击过程中需要调用怎样的资源。第 6 章介绍了舆情沟通的四大技巧，引导企业巧妙化解危机，与大众的对立情绪达成和解。

相信无论是公关爱好者、从业者，还是新锐品牌、成熟品牌的运营者，都可以从本书中获得赋能。

第 4 章

舆论博弈需要战斗观念
六步法高效研判网络舆情

好的公关，并不是
出了事才做补救，
而是在出事之前
就能预见并排查风险。

第4章 舆论博弈需要战斗观念
六步法高效研判网络舆情

网络舆情是一个更靠近战场"前线"的阵地。面对千变万化的舆情危机，企业需要沉着应战、步步为营，才有可能打一场漂亮的翻身仗。

应对舆情危机前，首先需要明白一点，那就是在舆论场上，舆情瞬息万变，形势非常复杂，只有用最短的时间准确判断信息和大众的反应，对大众情绪的可能性未卜先知，才能适应今天网络舆论战的场景。

我将高效研判网络舆情的方法归纳为六步，下面将逐一介绍。

第一步：明确对象，分清引发危机的叙事主体

一个舆情发生后，各方声音纷至沓来，有时候会让人应接不暇，这时候必须时刻警惕，细致分析每一种声音对自己的影响，之后再制定相应的对策。如果乱了阵脚，就很可能会陷入被动，难以翻身。

面对突发舆情，最重要的一点是，先厘清一个思路，找到信息源头，也就是找到相关的多种叙事主体。只有把这些叙事主体找出来了，才可能走好后面的路。在寻找一件事的叙事主体时，主要注意以下三个问题。

叙事主体不一定是当事人

首先，在分辨信息来源的过程中，需要明确一点，就是叙事主体和当事人是有区别的，很多时候叙事主体不一定是当事人。只有当事人有叙事能力的时候，才是叙事主体。如果当事人没有叙述能力，而是通过别人来叙事，那么在这种情况下，就不能更好地让人们了解当事人的真正诉求，也不能更好地还原事情本来的面貌。

如果当事人和叙事主体处于对立面，并且叙事主体具备强大的感染力，就会加重当事人的舆论危机，让当事人彻底陷入舆论旋涡。

2021年初，拼多多因员工凌晨在下班路上晕厥猝死的事件而陷入了舆论风波。在整件事发酵的过程中，当事人去世了，无法叙事，所以当事人并不是叙事主体。

这件事的第一个叙事主体是一名网友，其爆料导致事件走向了大众视野。事件曝光后，拼多多在知乎上的官方账号曾发布一则回应："你们看看底层的人民，哪一个不是用命换钱，我一直不以为是资本的问题，而是这个社会的问题，这是一个用命拼的时代，你可以选择安逸的日子，但你就要选择安逸带来的后果，人是可以控制自己的努力的，我们都可以。"虽然不到一分钟，这条内容就被删除了，但仍被网友截图并广泛传播。拼多多后来在披露事件详情时，表示从未发布过网传截图的"官方回应"，同时坚决反对截图上的言论。

知乎平台随后做出回应，表示拼多多的官方身份真实无误。在这里，知乎就成了这次舆论风波中的第二个叙事主体。

随后，拼多多发布声明，承认了截图上的回答确由拼多多官方账号发出，同时指出事件是由于对官方账号管控不严导致的，并向公众致以真诚的歉意。拼多多指出，这条内容是拼多多营销合作供应商的员工用私人手机发出的，其言论并不代表拼多多官方的态度。并且，拼多多官方对其言论表示强烈反对。

事情到这里还没完，此后又有网友爆料，拼多多的又一名员工被救护车拉走了。虽然后来证实该员工是因肠痉挛而紧急就医的，但这几件事合在一起，就形成了一个连锁事件，让网友的情绪不断档，并且都朝着同一个方向聚集，形成了对拼多多十分不利的局面。

所以，在处理重大舆论事件时，区分当事人和叙事主体是很重要的。只有先搞清楚谁在背后"发声"，才能给出恰当的应对办法。事件背后的叙事主体如果是熟悉网络传播套路的人，那么他们的"发声"方式跟普通的大众是完全不同的，他们代表的背景、立场也大有不同，要去应对这些不同类别的人，自然就要采取不同的办法。

不同叙事主体的特点

清楚了当事人和叙事主体之间的区别后，还需要对舆论场上常见的叙事主体有一个先期、系统的了解，做到知己知彼，不打无准备之仗。

一般而言，在一次舆情危机中，除了当事人或爆料人之外，媒体也是很重要的叙事主体。媒体是分层级的，分为官方媒体、自媒体等。

官方媒体叙事的特点是权威性强。比如前面提到的拼多多的舆情危机事件中，前期是网友爆料，后期事件发展起来之后，各大官方媒体纷纷报道，包括央视、人民日报、中国青年网、新华网等多家媒体评论"奋斗不能演变成拿命换钱"；新华社、央视新闻、侠客岛、中央政法委长安剑等多家媒体对此事做出评论，其中，新华视点的微评表示，让劳动者超时工作、透支健康，是违法操作，畸形加班现象必须坚决遏制。

这一系列事件中，叙事主体是在转换的，前期的爆料主体是网友，在引发了舆论海啸之后，官方媒体也成为叙事主体，因为这个叙事主体非常有权威性，所以又获得了更多信任官方媒体的网友的支持。

除官方媒体外，自媒体的叙事影响力也很强，可谓是"振臂高呼，一呼百应"。自媒体兴起后，在许多事件中成为扭转舆论的关键。

2018年，自媒体"有槽"发布了一篇名为"王凤雅小朋友之死"的文章，称河南一对夫妻疑似利用重病幼女的名义"诈捐"，这对夫妻在骗取网友15万元捐款后，不带女儿去治疗，反而带儿子前往北京治疗唇腭裂，导致女儿王凤雅死亡。

文章将控诉的矛头指向了王凤雅的父母，随后该文章被众多微博"大V"转发,引发热议,转发量迅速超过10万。网友纷纷怒斥这对父母,认为他们重男轻女,是骗子。

然而事件发酵后,在短短一天内,风向似乎又出现了反转:有媒体报道表示,王凤雅依然活着,所筹得善款并非15万元,而是3万多元。而且,这对夫妻的儿子的治疗费是嫣然天使基金提供的。

随着真相浮出水面,一些自媒体开始致歉,水滴筹也表示王凤雅家属之前曾两次在平台发起个人求助,"实际筹得款项是35 689元"。

通过这个事件足以看出自媒体在当今传播领域的能量之大。要知道,网络上鱼龙混杂的时代,大众所了解的信息与事实之间往往存在一道很深的鸿沟,由于普通人不具备专业甄别能力,自媒体就成了中间的一道重要桥梁,有很强的扭转舆论的力量。

但是自媒体也会受到立场、利益需求、流量需求等因素的影响。一旦触及这些,它们就可能主动成为一个舆论事件中的叙事主体,对事件的发展起到关键作用。

谁在定义事件

在不同的叙事主体的叙事过程中,事件能够呈现出不同的信息切面。在经历了不同的叙事之后,企业还要辨别,哪个叙事主体更有话语权来定义事件。很多时候,一个热点事件的全貌是由不同侧面的叙事构成的,而事件本身在这一过程中不断被勾勒、被定义。

在 2017 年红黄蓝幼儿园虐待儿童事件中,早期叙事主体是涉事家长,他们爆料了孩子在幼儿园遭遇老师虐待的消息。一时间,幼儿园因为涉嫌虐童引发众怒。在家长的爆料引发广泛的关注后,叙事主体开始转移,媒体、警方陆续成了叙事主体。

人民网、北京青年报、凤凰网、环球网、央视少儿等多家媒体在第一时间对事件进行了跟踪报道,这些叙事主体展现了不同媒体对该事件的不同定义。

警方作为事件中的另一个重要叙事主体,在经过调查后,就该幼儿园幼儿疑似遭针扎、被喂药一事进行了通报,涉嫌虐童的幼儿园教师刘某被刑拘。同时,通报对"群体猥亵幼童""喂白色药片""爷爷医生,叔叔医生"等谣言进行了辟谣,并对这些虚假信息的编造者进行了行政拘留。

同时,在事件热议过程中,自媒体、网站、大众等其实也处在这场舆论中,不同程度地成为该事件的叙事主体。

需要注意的是,在这些不同的叙事主体中,原本警方才是话语权最强的一方,其次才是不同诉求的当事人、媒体、自媒体和网友。结果在舆论传播的过程中,警方通报中的一部分内容反而被妖魔化了,这致使在某个节点谣言大行其道,迷惑大众。

所以,在舆论发酵的过程中,还需要注意识别出一些隐藏着的叙事主体,他们往往带有不可告人的意图,具备让真相失去传播能力的力量,是虚假有害信息泛滥的推手。

第 4 章 舆论博弈需要战斗观念
六步法高效研判网络舆情

2019年5月18日,知乎上出现了一个提问:"如何看待联想疑似断供华为办公电脑、服务器的传闻?是否属实?有何影响?"由此,"联想疑断供华为"的传闻迅速引爆知乎和微博,并传导至主流网络媒体,成为当天最大的热点。

在舆论不断发酵的过程中,原先话题里的"疑似"逐渐被模糊,最终在全网演变成了一个"联想断供华为"的话题。于是,对联想的质疑、嘲讽和批评开始一边倒地蔓延。

网友纷纷批评联想,甚至开始抵制、拒绝购买联想产品。随后,又有自媒体发布了对联想不利的负面文章,进一步加深了大众对联想的负面印象。

舆论爆发后,虽然联想发布公告,针对这则传言做出了严正声明,称联想对华为的供货正常,并未断供,但是早就大规模扩散的舆论却已覆水难收。其中的信息海量,纷繁复杂,每个人都会有自己的判断。

通过这个案例可以看出,一个事件其实会被各方叙事主体定义。演变至最后,事实的真相可能都已经不那么重要了,重要的是大众愿意如何定义事件,而他们定义的依据更多来自舆论爆发前期各方叙事主体的声音。

为什么一些叙事主体对关于联想的负面新闻进行加工后,可以借助人们对联想的认知习惯迅速主导舆论走向?这就需要反思了。

对企业来说,能够在这些案例中吸取的经验教训,就是一定要在应对舆情危机时把握黄金时间,明确关键步骤,快速做出反应,这样才能阻止负面或非事实面的信息过度传播,避免给企业形象带来无法挽回的影响。

第二步:厘清原因,分析叙事目的

厘清叙事主体之后,第二步就是要厘清原因,分析叙事主体的叙事目的是什么。

每个人都有自身的诉求,所以任何事件的叙述都带有目的性。舆论场上的各种声音其实都像有人戴着面具在说话,所以企业不仅要看清叙事主体,更要看清叙事主体的叙事目的。只有明白了叙事主体叙事的真实原因和诉求,才能做到精准研判、有的放矢。

不同的身份、立场带来的叙事区别

叙事主体处在不同的身份、立场之下,叙事目的会有所不同。今天,舆论场上有很多热点事件,有时候人们会被轻松地带入一个立场,出于道德的本能,对某个事件异常愤怒。可是作为研究公关的专业人士,我们在对大众面对信息的反应保持理解的同时,必须对已经沸腾的舆论信息时刻保持冷静,时刻记得无论什么样的叙事都带有目的,都是在表达叙事者的诉求。

就像记者报道一个事件,有时候称之为"正面报道",那多半是要写点好人好事的；有时候称之为"负面报道"，那是要激浊扬清的。同样的事件在不同的记者笔下，可能会呈现出完全不同的信息生态。

虽然媒体人受到的教育就是新闻要秉持客观准确的基本伦理，但在实际生活中，影响叙事的因素太多了，所以很难做到绝对的客观公正。有时候，即便媒体人自认为讲述得已经非常客观了，也难免会带有一些主观判断。

媒体人尚且很难做到完全的客观真实，普通人就更是如此了。很多时候，大众以为自己已经了解了一件事的"真相"，但这些"真相"往往是叙事主体为了达成目的而进行过筛选的。所以这时候大众接收的信息往往就是有偏差的。

对于同一件事，不同的叙事主体带着不同的目的去叙事，建立起的"真相"也可能会非常多元。企业在对信息做出判断时，困境恰恰也在于很难判定叙事主体传递的信息是真是假，而叙事主体对自己提供的"真相"总是表现得确信不疑。所以，企业必须冷静分析，才能洞察真相，必须找出叙事主体的真正目的，才能更好地做好舆论博弈的准备。

面对多元化的真相，企业在判断时最重要的是要找到并理解叙事主体的目的，再进一步分析其表述的有多大可能偏离实际的真相，或者分析其有没有断章取义。明白了叙事主体都有其明确的目的，就能对很多争议报以理解，也能更加平和冷静地看待网上的热点信息。

不同价值观带来的叙事区别

除了叙事主体的身份、立场以外,影响叙事走向的因素还有很多,外在的因素有资本等,而内在的因素就是价值观。

对大众而言,"爱而知其恶,恶而知其美"这样的要求是很难做到的,大众会根据自己的立场和价值观,习惯性地对事实片面地夸大。

面对同一个事件,有人可能强调法治,有人可能强调国格,有人可能强调公共意识,有人可能强调维权手段,这就是不同的价值观所建构起来的更符合自己价值立场的事实。

常见的三种叙事目的

虽然在一个舆情危机事件中,叙事主体和叙事目的可能纷繁复杂,但我根据自己多年的实战经验,总结出了一些常见叙事主体的叙事目的。形象一点来说,就是每个参与舆论场之争的人,都是在用自己的方式讲故事。这些人是因为什么在讲故事,出于什么样的目的?只有拆解了这些信息,企业才能更好地制定针对性策略。

我将叙事主体在舆论场上讲故事的目的归纳成了三种。在走上舆论场之前,企业可以根据这些分类,做到心中有数。

第一种,表达人性深处的正义感。我将用以下案例展开说明。

2021年2月21日，车主张女士的父亲开着特斯拉载着4人回家。经过一个红绿灯路口准备减速时，张女士的父亲突然发现刹车失灵，导致连撞两车。4S店除了答应维修外未做出任何承诺。张女士不满4S店的应对方式，决定维权，而后投诉到当地监管部门申请介入，结果也不了了之。3月中旬，张女士持续通过拉横幅、坐车顶、拿喇叭等方式维权，引发媒体关注，而特斯拉仍然置之不理。

2021年4月19日，上海车展上，张女士身穿印有"刹车失灵"的T恤衫站上特斯拉车顶维权，随后工作人员将其拖走并报警，张女士被拘留5天。至此，特斯拉事件彻底引爆舆论，在互联网刷屏。在舆论的压力下，特斯拉始终拒绝提供行车数据并表示"对不合理诉求不妥协"。4月21日，特斯拉发布了道歉声明，声明中并未对特斯拉刹车到底有没有问题做出解释，在之后一段时间内特斯拉负面舆情居高不下。

一般来说，这类视频的最初爆料者，通常都是有正义感的围观者。他们叙事的目的，只是希望这件事得到更为公正的评论。想要平息有正义感的人引发的舆论风波，就必须对事件给出妥当的处理办法。

第二种，满足复杂的利益诉求。正常的利益诉求，其实都是根据阳光的规则去博弈、去争取的，但复杂的利益诉求不同，它的一大特征就是绑架舆论，不达到目的不罢休。当叙事主体有利益诉求时，可能会颠倒黑白、断章取义。有一个现象级的舆论事件，虽然发生时间较久远，但因为非常典型，仍然很值得拿来探讨。

2009年6月2日，一篇题为"小学女生卖淫案调查"的文章被各大网络媒体竞相转载并引发热议。据云南省检察机关、公安机关依法调查，自2008年10月以来，涉事人刘某和张某唆使刘某还在上小学的女儿陈某，在他们居住的出租房里卖淫，从中牟利。同时一起住在出租房里的，还有张某的两个女儿。

陈某在一次卖淫交易中被派出所巡防人员发现。但在巡防人员向上级报告情况并准备按照指令执法时，在出租房内的刘某也发现了巡防人员，于是与同伙商议决定，让陈某与张某未参与卖淫的其中一个女儿互换衣服，冒名顶替，以避免查处。并且，巡防人员盘查时，张某冲出房间吵闹，并打伤巡防人员。陈某一干人等均被带往派出所接受调查。次日，他们因证据不足被释放。

然而不久，陈某和张某以在派出所遭受刑讯逼供、伤害等为由，到公安机关投诉，要求赔偿。但经公安机关调查，排除了刑讯逼供的可能。为了获得赔偿并摆脱唆使小学生卖淫嫌疑，两人伪造了部分虚假证明材料，提供给媒体，导致不实报道，关于该公安机关的负面舆论也一度在网上发酵。

第三种，获取流量。以此为目的的叙事更加隐晦，而且往往会披上道德的外衣。这种情况很常见，只要有流量前景，就会有人趁虚而入。热点事件出来后，通常有很多自媒体出于流量需求或其他目的而叙事。

下面结合刚刚提到的三种叙事目的，综合分析在具体事件中如何判断不同叙事主体的目的。

在"联想断供华为"事件中,知乎"大V"的叙事目的极可能是获取流量,所以以捏造事实的方式来引导舆论;紧接着跟进的自媒体也可能是为了获取流量,所以用过往舆论风波来猜测这些印证;而官方媒体的发声则是为了引导舆论、维护正常的舆论环境;大众可能就是在围观、声讨联想,抵制联想产品,同时也表达了对民族企业的支持。

在拼多多员工去世的事件中,网友的叙事目的可能是伸张正义,给拼多多施压,赢得大众同情;知乎在这件事中可能主要是为了撇清关系,避免可能出现的负面舆情;自媒体、营销号则可能是为了获取流量、渲染情绪,同时也可能是为了为底层人民发声;官方媒体是为了引导舆论,让更多人正视加班现状;大众则主要是围观指责、声讨资本冷血无情的行为,同时也可能是抒发一种感同身受的"加班危机感"。

在红黄蓝幼儿园事件中,涉事家长显然是为了得到公正的处理;自媒体、营销号则可能是为了获取流量、渲染情绪;官方媒体通过报道事件并深度剖析这一事件,让大众认识和理解这一行业问题;大众是为了声讨涉事幼儿园及教师;警方是为了公布事件调查结果、处罚涉事幼儿园及教师。

可以看到,虽然叙事目的非常复杂,但同一类人的叙事目的大体上是差不多的。因此,企业可以先划分好舆论的参与人群,做到对这些人群的具体目的心中有数,再根据自身需求制定有针对性的策略。

第三步：看懂路径，梳理传播渠道

这一步与上面两步是一脉相承的关系。因为知道了是谁在讲话，也弄清楚了讲话者的叙事目的，接下来就要知道他们一般都通过哪些途径去讲话，也就是信息传播的渠道。

搞清楚信息传播渠道是研判、应对网络舆情必不可少的一个步骤，因为分析信息的传播渠道，其实也是在分析触发舆情的人。叙事主体为了达成利益诉求，会选择通过不同的渠道叙述、发布内容。在这个过程中，叙事主体对不同平台的驾驭能力，可以说明其对平台规则的熟悉程度，以及可能在平台上掌握了哪些资源。这些都是企业在制定舆论干预策略时很重要的信息，可以决定应对策略的不同走向。

所以，企业一定要重视并梳理清楚信息的传播渠道。下面我就从传统主流渠道、新生主流渠道和其他重要渠道三大方面对信息的传播渠道进行梳理。

传统主流渠道

第一，官方主流媒体。官方主流媒体包括影响力非常大的央级媒体和地方媒体等。很多事件都需要官方主流媒体作为权威发布来"一锤定音"，因为它们所发出的声音往往极具说服力。

比如在红黄蓝幼儿园事件中，前期家长等各类叙事主体纷纷扰扰的声

第 4 章　舆论博弈需要战斗观念
六步法高效研判网络舆情

音很多，但后期大众其实都在等待权威媒体给出的信息，尤其是官方主流媒体给出的通报。

第二，"两微一端"。这主要是指微博、微信和新闻客户端。有时候，一篇微信自媒体账号的民生文章可以形成 10 万以上的点击量。微博上的内容也可以迅速引爆舆论，其中短时间内成为热议焦点的民生事件有很多。

> 2023 年 6 月 1 日，网上曝光江西工业职业技术学院的一名学生在食堂吃出异物。从视频中可以看到，异物有着清晰的胡须和牙齿，很像一颗老鼠头。对此，校方和食堂管理人员给予的回应是坚决否认，坚称所谓的"鼠头"就是鸭脖。6 月 17 日，江西省教育厅、省公安厅、省国资委、省市场监督管理局组成的联合调查组多方查证后公布了调查结果，判定学生吃出的异物就是老鼠类啮齿动物的头部。
>
> 此事在微博发酵的时期，相关话题多次登上各大平台热搜，累计时长高达 820 小时，全网"转评赞"量约 3 000 万。

微信、微博这类平台由于聚集了大量流量，所以在信息传播方面的效能已经超乎想象，在一些争议事件的曝光、热点信息的发酵扩散方面，比很多传统渠道影响更大。

此外，今日头条、腾讯新闻、网易新闻这些新闻客户端的影响力也很大，如果掌握了它们的推送习惯，也能让信息通过这些渠道得到更多的曝光。而且很多信息一经这些新闻客户端推送，无论推送范围多大，都会引发一定范围的关注度。如果信息是全国推送，就可能形成全国性热点话题。

由此也可以看到，通过这些平台，普通人的信息传播渠道越来越畅通。叙事主体只要能输出符合平台推送规则的内容，就能得到关注，实现叙事目的。因此，企业无论是在输出信息还是在应对舆情的过程中，都要十分重视这些渠道的特点和价值。

新生主流渠道

第一，各类"大V"账号。随着各类社交平台的崛起，越来越多的个人因为具有影响力，成为"一呼百应"的意见领袖，也就是"大V"。近年来，"大V"的声量越来越大，而且在某些情况下，会比一些传统媒体更加得人心。

现在很多"大V"账号一方面有盈利需求，另一方面为了维持自己的影响力，也有流量需求。所以如果有人给他们留言爆料，只要事件本身既比较真实又有流量价值，往往就能经由他们的渠道得到更广泛的扩散。并且，这些"大V"一般也都有自媒体矩阵，通过自媒体矩阵的叙事，产生的威力也特别大。因为"大V"的介入，舆论迅速发酵的案例不胜枚举。

在王凤雅事件中，最初是几个微博"大V"发文质疑王凤雅的家长，认为他们募捐了钱却消极治疗，没有把王凤雅送到大医院，还疑似把善款挪用给他们的儿子治唇腭裂，重男轻女，涉嫌骗捐。之后公众号"有槽"发文《王凤雅小朋友之死》，最终将事件引爆。

在这个事件中，一个微博名为"明白漫画"的账号，发表了多幅以王凤雅为主人公的漫画图，刻画了其父母在王凤雅生病时对她的态度，比如两个孩子同时生病时父母截然不同的照顾方式。该系列漫画本身对读者而言具有明显的信息引导效果，尤其是一个小姑娘蜷缩在黑暗的房间角落里呼救的画面，让诸多网友的同情心和正义感油然而生，纷纷借由漫画对王凤雅父母进行批判，舆论一时风起云涌。

事实上，这个事件最后被证明其实是谣传。但从这一系列反面舆论的热议中，能看出"大V"具有引导舆论的强大力量。企业可以适当利用"大V"的力量进行正向的舆论博弈，同时，也要警惕他们可能带来的负面影响。

第二，"水军"账号。这个渠道比较特殊，"水军"账号一般都是一些游走在灰色地带的账号。虽然治理网络舆论生态成效显著，但还是有漏网之鱼，"水军"介入舆论的发酵传播影响不容忽视。"水军"熟悉网络传播的规律，愿意在负面舆情上制造热点的"水军"账号，尤其不可小视。

2020年有一个引人瞩目的"水军"操作舆论的案例。自称学生家长的刘某在微博上发布了一则信息，配合着有"广州一小学体罚哮喘儿童致吐血抢救"字眼的热搜词条，加上数张"血衣"

照片，令人触目惊心。这则消息发出后，舆论迅速在网络上被引爆，短短几小时，微博上的相关信息就被转发超过百万次，阅读量达5.4亿次，舆论矛头直指涉事学校和老师。

然而，不到一天时间，事件发生了戏剧性反转。警方调查发现，这则劲爆信息其实是刘某一手编造的。这则虚假信息之所以能登上热搜，获得巨大关注，仅仅是因为他花费760元雇佣了网络"水军"来造势。

短短数小时，刘某的微博内容通过"水军"平台代刷阅读量及虚假评论，登上了微博热搜。一时间，舆论群情激愤，涉事老师还被"人肉"搜索，遭受网络暴力。事后，"水军"平台的马某表示，自己当时并没有审核微博内容的真实性，而当他意识到这是虚假信息时，舆论已经完全发酵，他没有办法阻止网络"大V"和网友的进一步转发和评论。

网络"水军"策划的一系列事件的反响能从侧面证明，"水军"熟谙网络传播规律，善于操控舆论，往往能促成以一敌百的效果。所以，无论是企业还是官方权威媒体，都需要特别警惕这些造谣污蔑、传播负面舆情信息的网络"水军"的账号。

其他重要渠道

第一，社区论坛。在论坛这种载体中交流和在微博上交流完全不同。在论坛中，人们不仅可以平等对话，而且讨论的内容有一定深度。一般而言，谁说得对、说得好玩，谁就能获取关注度。网友接受发言者，不是因

第 4 章　舆论博弈需要战斗观念
六步法高效研判网络舆情

为其地位、名气，而是因为其发言水平。天涯论坛曾经是社区论坛的代表，有人说天涯论坛是一个出"神人"、出高人的地方。在移动社交媒体出现之前，慕名而来的网友相当多。

和天涯这样的网络社区相比，贴吧上的千字长文极少，但在用户的活跃度和黏合度上，却有胜出的空间。原因在于，贴吧的社交性设计得非常好。尤其是地域性贴吧，十分便于网友线下的交流和合作。在贴吧出现之前，几乎没有传统的网络社区将地域性论坛放在眼里，用心经营。贴吧不一样，它一"出生"，地域性贴吧就成为站方的主打。

地域性贴吧的特点是主题突出，人群集中，便于网友实现社交功能。而当它吸引了足够的用户之后，媒体功能就会被放大。当下，以省、市、县命名的地方贴吧都可以积累出活跃网友，并广为人知，所以当属于该地区的热点事件发生后，无论本地吧友还是外地吧友，都希望通过这个本地人气较足的地域性贴吧，向当地群众、企业和政府传达他们的声音。

由于用户群体的地域性非常强，当地政府和企业自然非常担心自己的负面信息出现在本地的贴吧上。可以说，贴吧的地域性社交促成了贴吧在当地的媒体影响力，而贴吧的媒体影响力也为更多的网友在本地贴吧活跃和交往提供了动力。

近年来，豆瓣有后来者居上的态势，成为越来越多年轻人的社交讨论场所。豆瓣在很多娱乐事件中也成为一个舆论聚焦点，追星文化的兴起让豆瓣一度成为"饭圈"的战场。除了追星群体，豆瓣也聚集了很多文艺青年，是年轻人的兴趣社区，尤其是在读书、影音等领域。

第二，新晋热门平台。知乎、百度知道、头条悟空问答这些问答类的平台，在信息传播上也具有一定的影响力。知乎这两年更是成为许多热点话题的发源地。比如前面提到的"联想断供华为"事件，就是由一个知乎网友的提问引发了后续全网的一系列讨论。而拼多多员工猝死事件，也是因为知乎官方账号在平台对拼多多官方账号真实性做出的回应，使拼多多在第一轮就危机公关失败，在舆论上陷入了被动。

除了这些问答类平台之外，如今各类短视频平台也正值风口，因为大量的人群聚集、门槛的一再降低，短视频平台很容易就成为各类真假信息混杂、舆论汹涌的场所。

在这些平台上，要注意一些爆料、有争议性的或者维权类的视频，它们很容易被广泛传播。舆论在视频平台上滚雪球似的发酵过程中，确实可以引起相关当事方的重视，很多问题也可以得到解决。所以，通过这种途径来爆料或维权的普通人也越来越多。

比如，2019年4月，一段奔驰女车主哭诉维权的视频在抖音及各大视频网站快速传播后，全国网友纷纷在代入感和同情心的驱使之下，发声支持奔驰女车主。一时间，奔驰轿车的服务和产品质量问题也被推到风口浪尖。随后，北京梅赛德斯－奔驰销售服务有限公司在微博发表了声明，并对当事人表达了歉意。

此外，对短视频平台上制造的一些假新闻也应警惕。比如 2020 年就发生了一起"虎啸龙吟"的闹剧。起因是有人在抖音、快手等平台发布短视频称，威宁县秀水镇大山里出现"龙叫"，经过一些短视频平台上的炒作，这个消息由线上蔓延到线下，致使该省内外每天有数千人去凑热闹，当地政府为此不得不设卡劝返。最后，经当地公安机关调查发现，违法者在事发地视频中添加了类似"虎叫""狼嚎"等恐怖音效，同时配上"秀水鬼叫"等文字内容，并将视频在多个短视频平台上发布传播，才引发了这一闹剧。

可以看到，短视频平台上的内容制作成本越来越低，能进行信息传播操控的群体也越来越多，所以这也是非常值得重视的一个渠道。

总之，不同的渠道聚集的人群不同，聚焦的热点性质也有所差异，这就是企业需要梳理并认真分析传播渠道的原因。了解了不同渠道中人群的特点、内容的偏好，以及信息的扩散路径，才能在处置时针对不同的舆情，做出差异化的应对。只有认真理解这些渠道背后传达出的信息，才能对舆论的起因和叙事目的有更明确的认知，才能"知己知彼，百战不殆"。

第四步：了解内容，判断信息切面

这一步对于没经过专业训练的人来说，有较大的难度，因为作为信息阅读者，人们一般都会抱有看热闹的心态。情绪、立场等因素都会影响人们的判断，人们如果觉得事件与自己没有切身利益关系，就更没有抽丝剥茧、厘清真相的动力了，所以大部分人是很难看清一些舆论事件的真相的。

可是，企业管理者、舆情处置者需要去应对利益相关的舆情危机，对他们而言，判断一个事件形成了哪些信息切面，就显得尤为重要了。因为这是企业制定策略、化解危机的关键一步。

所谓"形成信息切面"，主要是指分析经过叙事主体叙事之后在平台上形成的信息生态。信息生态主要有三个层面，分别是事实面、谣言面和故事面。事实面就是真相；故事面可能不符合事实，但对当事人没有伤害；谣言面则不同，它不仅不符合事实，而且如果有人相信了谣言，它产生的破坏性就会极大。下面的内容主要将从这些不同的信息切面入手，帮助企业识别出虚假信息。

如何分析、甄别事实面

在一个热点事件中，事实面往往很难一下子就呈现出来。一方面，因为网络信息复杂多变，本就真假并存，所以很多时候信息在传播过程中经过一次甚至几次的发酵，会衍生出大量和事实并不相符的内容；另一方面，网上还会有人出于某些目的释放出一些不真实的负面信息，严重扭曲事实，滋生了网络谣言，也阻碍了舆情处置者工作的正常开展，带有极强的破坏性。所以面对这些信息时，企业必须对传播过程中信息生产流通的各个环节进行分析，将事实面甄别出来，获取真实有价值的信息，不被谣言"带节奏"。

那么，如何对不同主体的信息进行分析、甄别呢？

首先，企业要进行事实判断，即依托事实进行专业判断，然后形成对或错、好或坏的是非判断。事实就是客观性信息。如果企业能将是非判断抽离，不先入为主地对信息进行判断，往往就能呈现部分事实。当然，事实可能在不断变化，所以需要运用专业知识才能准确判断。

其次，企业要分析对事实的加工偏差。有偏差的事实性信息并非都是谣言。一般来说，会选择主动制造信息偏差的主体主要是两个群体：一个是需要流量和热点的主体，一个是有利益冲突的主体。所以通常情况下，我们在看到有违常理的信息时都要警惕，需要多问几个为什么，看看假如事情真的是这样，是不是很荒唐。

对普通人来说，通过对不同叙事层面信息的仔细分析和甄别，一般就能还原出大部分的事实真相，但对企业来说，厘清事实真相只是第一步，接下来更重要的是，如何让这个事实面在大众面前呈现出来。

当然，如果事实面真有问题，企业就需要立刻采取相应的整改措施。比如2017年海底捞针对旗下门店卫生质量问题的危机公关，整个流程开放迅速，网友用一句话将企业行动概括为"这锅我背、这错我改、员工我养"。在危机之后，海底捞不仅成功挽回消费者的信任，还塑造了负责的大企业形象，可谓"化危为机"的典型案例。关于这个案例的详细介绍，将在后文展开。

如果事实面没有问题，企业就需要击碎破坏事实的故事性信息和谣言性信息，以挽回被谣言中伤的公信力。这也就是下面要谈到的第二个方面：有针对性地制定策略，消除谣言面的信息，消解谣言在公众心中形成的负面影响。

如何识别谣言，呈现事实面信息

企业在处理舆情危机时，如何才能瓦解谣言，让事实面的信息呈现出来呢？首先，需要明确呈现事实面信息的主体，主要有五种：

- **一是被诟病的当事人。**大众往往出于道德优越感的心理，认为当事人很坏，必须声讨、批判。
- **二是被诟病的企业。**大众往往会认为企业是强势的一方，而自己是弱势的一方。
- **三是被同情的当事人、被同情的企业。**大众出于罗宾汉情结，认为要救助弱者、锄强扶弱。
- **四是介入此事的媒体和自媒体。**这两者多和当事人有直接交流，比普通大众更了解真相。
- **五是介入此事的专业人士。**他们能够客观准确地给出专业判断。

其次，需要明确让谁来呈现事实面信息。一般而言，企业可以让当事人去呈现，但有时候，当事人及叙事主体的表述不足以还原事件，这就需要企业适时引入更多的叙事主体。其中，政府、权威媒体、有粉丝规模的自媒体、专业人士等叙事主体因为对自身身份或公信力的考量，往往会更容易呈现事实。

第4章 舆论博弈需要战斗观念
六步法高效研判网络舆情

2018年,星巴克就在一次公关危机中依靠专业人士呈现的事实面信息,成功化解了危机。

当时,有一个名为"澳洲Mirror"的自媒体发布了文章表示"星巴克咖啡致癌",文中提到了美国加州法院对咖啡行业进行的裁决,再加上一些科普类的"干货",显得非常具有说服力。

从事实面来讲,美国加州法院的这次裁决的确存在。但文章偷换了概念,因为这个裁决不是针对星巴克,而是针对整个咖啡行业的。该裁决认为,咖啡含有高浓度丙烯酰胺,丙烯酰胺有致癌性,所以应该在贩售的咖啡上贴上致癌警告。全美咖啡行业协会早就针对该裁决发布了公告,称咖啡是安全饮品,是法院的裁决误导了大众。

这篇文章为了追求流量,先是放大了裁决这件事,接着又拿知名度高的咖啡品牌"星巴克"做靶子,极大地调动起了大众的好奇心和参与度,所以很轻松就超过了10万的阅读量。因为谣言的来源并非竞争对手和消费者,而是具有权威性质的法院,所以在回应时如果稍有不慎,就很可能将品牌推向深渊,甚至会导致星巴克从此退出中国市场。

面对这件事,星巴克是如何做的呢?它在第一时间启动了危机公关。首先举报了所有和"星巴克致癌"相关的文章,同时通过医学自媒体"丁香医生"出面辟谣。接着,星巴克(中国)发布了一则公告,并附上了全美咖啡行业协会的相关公告。最终,在舆论信息刷屏的24小时内,星巴克就平息了这场"致癌风波"。

星巴克的成功经验告诉我们,关键时刻,要从专业的第三方视角去呈现事实面信息，而不是沉浸于企业或行业的自说自话。尤其是公信力极度匮乏的时候，企业要善于借力而行。

此外，企业在呈现事实面信息时也要考虑到，大众对话题标签更敏感，很难记住事件的全部细节。因此，一旦事实和谣言形成了舆论热点，当事人和危机处置者就应该积极面对事实，不回避、不遮掩，梳理出事件传播中的信息拐点，有针对性地把谣言——击破，这样才能赢得大众信任。

2019年6月，"济南农商银行副监事长实名举报有关领导干部生活作风问题，以及银行资产损失近30亿元事件"在网上发酵，这件事的事实真相最终能够呈现，正是因为山东省委联合调查组于2019年7月3日发布了调查结果。调查结果对举报文章中所反应的一系列问题，一条一条地进行了驳斥。

比如，针对举报中"有关领导干部存在不正当两性关系"问题，调查结果显示，并无证据，同时被举报人已就诽谤行为向市公安机关报案。

针对举报中"举报人遭受打击报复"等问题，调查结果显示，并未发现济南农商银行及相关人员存在对举报人的打击报复行为。针对举报中"有关单位和领导干部违规违纪"等问题，调查结果显示，相关举报均不属实。

回看整个事件，举报人故意将不实信息恶意放大化，并冠以"淫乱""诈骗"等敏感度较高的字眼，刻意抬高被举报人的地位，之后还将自己修饰为"弱者",这是典型的谣言制造者的惯用手段。这也提醒企业,在面对谣言的时候,一定要注意几个关键点。

首先,不要被敏感字眼吸引,盲目跟风,要懂得舆论操控者的惯用手段和舆情事件的传播规律,这样自然就会越来越理智地判断谣言。

其次,要知道舆情事件中往往有一些规律,比如弱势群体往往会得到舆论的眷顾。大众在面对一些纠纷时,极易偏听偏信,一旦事件中出现强势形象,大众很容易会产生联想,不自觉地倒向弱势方,揣测事件背后"不为人知的力量",由此形成一些偏激情绪,这样的情绪会逐渐扩大,成为事实面缺失、谣言传播更快的根源。

很多事实面信息没有得到真实传播的案例,往往是有人巧妙地抓住了大众的心理误区,借民愤为个人牟利,借民声扰乱真相,以正义之名行造谣之实,将舆论场彻底带偏带乱。

最后,企业还要学会判断相关信息依靠什么触动了大众的心理。虚假信息为什么可以掀起这么大的舆论风暴?一般而言,传播动力来自两个维度:一个是其中是否有值得关注的人,另一个是事件本身有无利用价值。比如几年前,一则宣称"某品牌纯牛奶被查出黄曲霉菌超标"的视频,让众多消费者对中国乳业产生质疑。一度爆发的有关"皮革奶粉"和"塑料大米"的谣言,也都引发了大众对食品安全的担忧。它们的共同传播点,都是利用了长期以来大众对相关新闻的恐慌和聚焦,这些情绪极容易被引爆,因而有如此迅速和巨大的破坏力。

强势出圈

如何认识和把握故事面的传播特征

和谣言相比，故事面的信息也可能不符合事实，但对当事人或者企业的伤害没有那么大。接下来，让我们来看看故事面的信息有什么特点。

如今的网络舆论场，看热闹的人越来越多，自媒体也越来越多，这两者是互为表里的关系。网友需要看热闹，产生了市场诉求，这样的诉求由谁来满足呢？主要是自媒体创作者。所以，现在在网络上发声变成了可以触动很多群体利益的生意。

可以看到，在一些案例中，基本没有第三方权威出来描述事实。在第三方对事实挖掘不够的情况下，媒体和网民的评论就凸显出来了。在某些事件中，大众会一边倒地评判决断，媒体也会刊发言辞犀利的评论。事实传播得太慢，容易让各方都依据传播的故事面来进行评判。但故事不是事实。在这样的状况下，一些信息在传播过程中会逐渐偏离事实面，故事面很难完全符合事实面。

由于故事面的传播往往会带来各种意料之外的情况，作为舆情处置者，企业必须快速掌控节奏、预测方向，才能把一些重大的负面信息扼杀在摇篮里。这需要实战经验，也需要极具前瞻性的思维。这一系列动作，有赖于企业对故事面传播特征的深刻理解。所以，企业必须把握故事面在传播中的特征。这些特征涉及传播主体、叙事主体两方面。

一方面，通常在故事传播的过程中，传播主体是第一环节，包括当事人、利益相关方、媒体、"大V"及其他网友。值得注意的是，大多数当事人常常没有话语策略，不但无法对抗谣言，甚至也不知道什么信息传播出去才能有利于自己。一旦当事人有足够的话语权，甚至自身就是"大V"，就可以成功地制造信息偏差。媒体、"大V"相较于其他群体，在信息生产过程中往往更有能力扭转局面。但能不能扭转局面是一回事，去不去扭曲、愿不愿扭曲是另外一回事。

另一方面，有时叙事主体去传播一个故事面，可能是出于好奇的心理。他们可能会夸大其词，但本意并不是想伤害他人。在舆情事件中，很多网友往往属于这一类。他们可能只是单纯好奇，觉得某件事情有意思，所以加入了传播故事面的队伍。这是和企业最无利益瓜葛且最好应对的一种叙事主体。

有时候，故事和谣言只有一步之遥，故事一旦变成谣言，就会极具破坏性。例如，一些叙事主体会为了自身利益，对事实进行扭曲。这种情况下，不同利益诉求的传播主体会对事实进行选择，让事实剥离出来，选择最有利于自己的那一面加以放大。也就是说，很多时候，他们传播的是"被放大的部分事实"。

因此，主体多元、目的多元，会让一个事件呈现多元的叙事结构。在这个过程中，不同版本的故事就可能产生。故事面产生后，不同的人因为各自的立场和经历等原因，常常会倾向于相信其中的某些点。因此，真实的信息往往很难触达大众。

综上所述，企业应该了解清楚到底传播什么信息对于企业而言更有价值。答案就是价值传播点上的信息。价值传播点是传播过程中更聚焦、更能刺激消费者判断是非的关键性节点。价值传播点往往能支撑人们对一个事件的基本判断。

第五步：观察大众的反应，梳理不同反馈

无论是什么叙事主体和目的，最终还是要反馈到大众的理解上去。企业只有了解清楚大众心中所想，知道他们如何看待这些事件，才能更好地跟他们进行沟通、处理好与他们的关系。

大众在消费网络热点信息上是有规律可循的。一般来说，一则信息引爆后，大众最终会产生什么样的反应，取决于他们最后使用了什么样的信息处理工具。

大众处理网络热点信息的方式主要有六种：情绪判断、记忆判断、想象判断、专业判断、事实判断和是非判断。许多网民在消费热点信息的时候，会先使用情绪判断、记忆判断和想象判断三种方式，中间缺少专业判断和事实判断，直奔是非判断的主题。

所以，作为舆情处置者，企业要看清楚大众信息反馈的方式，更好地把握舆论走向。下面就深入剖析一下大众处理网络热点信息的六种方式。

情绪判断和记忆判断

请回想一下,大多数人追完一部热播的电视剧几个月后能记住什么?可能是主人公的外形、性格等,仅此而已。一首歌特别流行,数年之后人们又能记住它的什么呢?是所有的歌词和曲调吗?不是。随着时间的流逝,人们最后可能只记住了其中的一两句歌词。

同理,危机事件也是这样。今天,网络热点事件层出不穷,人们在热点事件中到底能记住什么呢?或许只能记住主要的情节,甚至仅仅是对这件事的是非判断。

一件事发生后,大众的记忆会随着时间的流逝而慢慢消退。人类的记忆其实是特别脆弱的,包括一些特别重大的历史事件,即便有文字记述,最终也可能被彻底遗忘。

即便某一时刻进入大众记忆的信息再多,人们也不会全都记得,最终只会记得事件中最吸引眼球的部分。那么,身处信息爆炸、注意力稀缺的时代,大众凭借什么去记忆自己关注的信息呢?这就要说到情绪。

根据多年的网络传播经验和分析,我发现情绪是人们使用次数最多、速度最快的信息处理工具。而记忆通常和人的情绪息息相关,是情绪决定了人们希望记住的细节。在热点事件上,人的记忆依然非常受限。因为接受信息和记忆信息是不一样的。

在营销领域有一个很经典的案例，就是王老吉。一句"怕上火，喝王老吉"是王老吉公司对产品的精准营销，以"怕"字带动消费者情绪，并成功将品牌价值点精准植入用户心智，借此出圈，这就是情绪带动的效果。大众记住了"怕上火"带来的价值点，产生了联动反应，一想到"上火"就联想到王老吉，所以王老吉稳稳占据了多年的行业江山。

其后，在"5·12"汶川地震中，王老吉进行了一番经典的操作。2008年前，很多人不一定喝过王老吉，但估计听说过"要捐就捐一个亿，要喝就喝王老吉"这句话。汶川地震之后，王老吉在中央电视台举办的抗震救灾募捐晚会上，捐出了1亿元人民币，这是当时国内单笔最高捐款额。这一举动让王老吉成为爱心形象的代言。

在重大事件中，能最迅速影响网民认知的是情绪。在地震这种大灾大难面前，大众的情绪更是呈指数级放大，成为一种"超级情绪"。所以如果企业的公关动作可以与这种超级情绪产生联结，就可以吸引到广大网民的注意，甚至掀起惊涛骇浪。

想象判断和专业判断

那些最能触动人们情绪的记忆，会激发人的想象力和想象空间。和专业判断比，想象不需要调查、佐证，但它依然可以左右人们的情绪，从而让事实变得更加复杂和扑朔迷离。

一般而言，想象会先于专业判断，因为专业判断需要成本，如时间成本、专业成本等，而想象不需要，并且判断速度极快。用想象支撑的故事，传播效果远大于用事实支撑的故事。这就是为什么《三国志》作为史书，对大众的影响力始终不如小说《三国演义》。2021年某物流平台的例子，就能形象地说明这一点。

2021年某个晚上的9点左右，一名女孩在乘坐某物流平台的货车途中突然跳窗而出，4天后经抢救无效离世。据女孩的弟弟所说，当时司机3次偏离路线，随后司机被警方控制。

20多岁的年轻女孩深夜跳车，再加上其弟弟的说辞，这些信息给了大众极大的想象空间，足以引发舆论危机。许多人质疑，涉事司机是早有预谋，物流平台在司机招聘方面存在安全漏洞……事实上，消息曝出之后，各类媒体和公众从不同角度展开了议论。

有人死亡的舆情危机是最高级别的，危机公关的首要原则就是及时回应。但是，该物流平台的公关最大的问题就出在这里。该物流平台正式发布致歉声明是在女孩离世十多天后的一个深夜，这么长的回应时间给了大众无数想象的空间。而且，发布声明的那天白天，这一事件就已经冲上了微博热搜。因此，在公众心里，这次声明缺乏诚意。

面对质疑，该物流平台先是表示已和当事人家属就后续事宜展开了第一次商谈，但遗憾未能达成一致。之后，该平台又表示警方仍在继续调查，尚未形成定性结论。这再次引发了大众的负面情绪。

无论如何，该物流平台在这件事里都有不可推卸的责任。在警方的调查结果出来之前，该物流平台应该及时发声，让大众真正感受到自己的诚意和态度，从而尽量避免让大众产生对平台不利的想象。

危机公关有一项重要的原则就是权威证实。在这一事件中，还有什么比警方更权威呢？该物流平台却恰恰选择了一个尴尬的时间发声，并表明已经尝试与当事人家属达成一致。但是，"达成一致"又给了大众多少想象空间呢？

在某些危机公关中，等待基本上就相当于逃避。因为等待给了大众足够的想象空间。在大众的想象里，这个平台不仅回应不及时，还在暗中操作、想要私下和解。因此，在事件引发的舆论还未尘埃落定时，这个平台已经被推上风口浪尖。

由于事件发生时没有监控和录音，直至警察公布案情经过，才算是在技术层面给了大众一个交代。但从公关角度来看，大众仍然没有得到一个完整的交代。因为谁都可以想象，在致命的几分钟里驾驶室中发生了什么。这种想象是这家公司的公关无法左右的。

事实上，在这样的事件中，企业的及时回应可以减少大众的想象和担忧。当然，最重要的是找到可以拿出专业判断的第三方，以更有力的专业证据向大众证明。二者相互补充，才能控制舆论发酵的方向，减少可能出现的风险。

所以，明确具体的舆情危机是什么类型，尽量减少大众的想象空间，采取及时的回应措施，是企业应对舆情危机的重要一环。

事实判断和是非判断

很多事件要先有了专业判断才能抵达事实、恢复真相，才能帮助人们完成事实判断。事实判断需要多元的信息源，不能只让一个利益方去叙事。当然，事实判断也需要事件和信息的具体场景，不然真相很容易被扭曲。

而且，事实判断本身是有争议的。因为本质上，事实判断并非事实本身。很多时候，热点事件中的事实判断是多元的。一个人在不同时间看待同一个图景，尚且可以呈现差异，一群人看待同一个图景时所描述的事实判断更不可能一样。所以，真相有时候是被多元主体描述的，呈现多元的信息图层。因此，对于真相的认知，也始终应该是多元的。在互联网时代，拥有这样的认知比以往任何时候都更重要！

企业只有认识到真相是多元的，才能更有传播事实的格局感，才能突破内部视角，获得大众的认可。

事实判断如果能强势呈现，就可以带来排山倒海般的舆论威力。在多数热点事件中，真相往往是最不容易被消费的。消费故事和谣言，远远比消费真相容易多了。但一些强有力的事实能够突破一切阻碍，直接呈现在人们面前，"实锤"得无可辩驳。也就是说，当事实让大众感受到前所未有的反差，产生被欺骗侮辱的感觉时，就会引爆一波情绪，成为引导舆论的最关键因素。

但是，并不是所有事件都能抵达事实和真相。事实判断本质上离大众特别遥远，而且很多事实呈现出来的信息图层是多元的。那么，对舆论处置者来说，如果一件事的事实判断不能触达大众，那要靠什么来调整和大众的关系呢？

主要是靠前面提到的其他方式：情绪判断、记忆判断、想象判断和专业判断。这些方式更能形成一个人的认知，只有将它们和事实判断、是非判断关联起来，才能更好地调整舆论处理者和大众的关系。

当前的舆论场中，大众更愿意用情绪来选择信息，当事人更愿意用价值观来选择信息，只有极少数专业人士愿意跳出这两个维度，用理性的态度和专业能力恢复真相，然后再进行是非判断，最后才植入一个人正常的情绪反应。

先去消费真相，再去进行是非判断，这是明智的做法。大众在对信息进行情绪处理后，会将其封存起来，形成核心记忆。对于记忆的真伪，人们有时候既没有那么大的热情，又没有那么强的鉴别能力。明智的人会对信息进行专业处理，刨除信息中的情绪和主观判断，接纳不同维度的叙述，用兼听则明的方式过滤目的性信息，小心翼翼地拼接最接近真相的信息图层。

危机管理本质上还是要尊重大众的记忆特点，围绕种种核心记忆的元素，瓦解谣言。因此，用什么样的方式让大众建立符合自身利益需求的核心记忆，至关重要。

第六步：研判局势，确定风险与传播拐点

在舆情研判中，了解清楚公众心中所想是一个侧面，了解清楚整件事的发展阶段、影响程度是另一个侧面。将两个侧面结合在一起，才能更精准地把握大局，确定下一步行动，寻找效果最佳的处置手段。

研判有无风险

网络上有一个非常流行的说法，叫"带节奏"。由于网络传播的特点鲜明，人们现在想要在某件事上带节奏，变得特别简单而隐蔽，而且其破坏性力量绝不可小视。

在这样的舆论场中，企业需要把突发舆情作为一场战斗来看待，迅速对风险进行研判。风险研判的第一步，就是明确风险的种类。风险主要分为两大类：明风险和潜在风险。

那些能被察觉到的风险，就叫明风险。明枪易躲，暗箭难防，相比之下，企业更应该重视的是那些潜在的重大风险，也就是要尽量在潜在风险变成明风险之前，就把它们找出来，并找到解决办法。当然，预测潜在风险并不容易，这更需要一种前瞻性思维，一种具有全面性和长期性的公关

战略思考方式，即要把公关前置。

事实上，公关不仅仅是一次性、短期性的事情，更是一个企业需要构建的长期性战略。公关是一种连续性策略，不仅要针对已经发生的舆情危机做出反应，还要针对尚未出现的潜在风险做预测和排查。

例如前文提到的物流平台，事件发生后它的一切应对舆论危机的动作，其实体现出了它在潜在风险的预测和排查上的失策。在这次事件发生之前，类似的情况是不可预见的吗？显然不是。因为有同行业公司已经发生过类似的恶性事件，警钟已经敲响很久了，只是该物流平台一直没有重视。

该物流平台因为有货运属性，其司机和客户的接触要少很多。但随着业务不断发展，覆盖城市、司机数量、订单量的持续提升，如果没有完善的预防措施，该物流平台难免会发生恶性事件。在这场危机中，该物流平台对货车内缺少相关安全保障设备的潜在风险应该是没有预判的。作为一个货运服务商，在已有同行业企业的前车之鉴的情况下，相关人员应该迅速联想到自己的平台，仔细研判哪些环节可能存在风险点。

好的公关，并不是出了事才做补救，而是在出事之前就能预见并排查风险，就像中医的"治未病"一样，性价比最高的危机处理方式是"避免发生危机"。

第 4 章 舆论博弈需要战斗观念
六步法高效研判网络舆情

研判风险的四个层级

研判有无风险之后,接下来就要判定风险属于哪个层级。这也是最关键的一环,因为它决定了企业选择什么级别的手段去应对。风险一般可以分为四个层级,分别是舆论海啸、舆情暴风雪、舆情沙尘和一般舆情。

第一,舆论海啸。舆论海啸是最高级别的风险,突出表现就是朋友圈刷屏,这时舆论的传播速度极快,而且震荡不断,议题不断翻新,加入进来的叙事主体的叙事热情越来越高。

前面谈到的物流平台事件就属于这个等级。整件事发酵于某意见领袖的爆料,在爆料之前,该物流平台一直没有对外透露过任何信息。这就导致事件一旦进入公众视野,公众就对这个平台的想象多了一重恶意。在公众的认知里,这次声明是物流平台被逼到无路可退才发出的。除此之外,该物流平台等不及警方调查出全部事实,公布调查结果,就放出消息说已经和当事人家属就后续事宜展开了第一次商谈,但遗憾未能达成一致。

这些行为在大众心里留下了什么样的印象呢?在公众的心里,该物流平台不仅回应不及时,还想在私下和当事人家属和解。这无异于站在公众的对立面。在舆论沸腾的过程中,物流平台作为主体,如果应对不当,很容易就会失去道德优势,错过回应的窗口期。

这件事之所以会掀起舆论海啸,就是因为该物流平台对风险层级存在严重误判,没能预测潜在风险,导致事发之后不能及时做出有效回应,才在舆情危机中陷入了极其被动的局面。

第二，舆情暴风雪。舆情有时候也会遇到"暴风雪"这种"极端天气"。舆情暴风雪的表现就是当舆情发酵到一定程度后，关注度很高，传播速度很快。此时舆论环境会恶化，各种信息真假难辨，处置方也会进退失据，陷入有理说不清的境地，不断被舆论围剿。前文提到的拼多多员工猝死事件就属于这一层级。

> 拼多多员工猝死的消息曝光后，知乎上一个被认证为拼多多官方账号的主体对事件发表的不当评论，被网友认为缺少人性，这导致舆论迅速发酵。即使后续该账号删除了相关评论，并且拼多多官方发声来辟谣，向公众表示真诚的歉意，也依然没有走出舆论旋涡。
>
> 事态反而在恶化，拼多多陷入进退失据、手足无措的境地，一时间难以收场。舆论发展到这个局面，大众的情绪只会被不断发酵的事件点燃。此时处在舆论旋涡中心的网购平台很难说清楚事实，只有被不断围剿的份。

这次舆情事件导致公众对拼多多的负面情绪不断加深，其企业形象受到重挫。可见，舆情暴风雪也具有强大杀伤力。

第三，舆情沙尘。在这个风险层级中，信息的传播速度并不快，影响还是比较局限，但因为有虚假信息夹杂在真相中，所以舆情沙尘对企业的声誉形象也会构成严重的威胁。比如2018年"小声比比"爆料马蜂窝数据事件。

2018年10月20—22日，微信公众号"小声比比"连发3篇文章爆料马蜂窝数据造假，将马蜂窝推上风口浪尖。财经网、《中国新闻周刊》等各大媒体对此进行了跟踪报道，网民对事件高度关注。

对此，马蜂窝控诉该公众号的言论严重不实、侵害企业信誉，却没有拿出任何有效证据。相反的是，该公众号向多家媒体发送盖章声明，表示"曝光马蜂窝纯属顺手为之"，且都以事实和数据为依托。

第四，一般舆情。一般舆情的表现是网民对该舆情关注度低，舆情信息传播速度慢，舆情影响局限在较小的范围，没有影响现实舆论的可能。针对这类事件，企业其实没有必要采取太多的应对措施，否则可能弄巧成拙，引起更多不必要的关注和讨论，给自身带来不利的影响。

研判风险点在哪里

对四大风险层级有初步了解之后，接下来需要判断风险点在哪里，根据风险点再去设置传播拐点。传播拐点能够有效对冲风险点，将风险降到最低。一般而言，谣言是什么，风险点就是什么，传播对当事人或企业有利的事实就是传播拐点。

其实，某个事件在传播的过程中发生反转的案例在互联网上屡见不鲜。这就表明，从真相里找到信息拐点是可以扭转舆论走向的。不同的叙事群体要在舆论场中表达不同的利益诉求，这一过程中信息不可避免地被人选择性加工，这就造成了信息偏差。舆情当事人也罢，专业的公关人也好，都可能遇到信息偏差带来的问题。

在进行研判的时候，一定要从三个层面，即事实判断、专业判断和是非判断入手。现实情况中，大众往往容易被饱满的情绪感染，忽视对全部事实真相的追求，因为这需要足够的耐心和时间，还需要足够专业的能力。

企业需要具备去伪存真的逻辑分析能力，并根据事实做出专业判断，同时还要考虑到，大众处理信息时只能记住几个标签或做出简单的是非判断，很难记住全部细节，因此，一旦事实和谣言形成了舆论热点，当事人和危机处置者就应该积极面对事实，不回避、不遮掩，梳理出事件的传播拐点。

十多年前，发生过一起某品牌奶粉疑致女婴性早熟事件。"武汉3名女婴性早熟"的新闻经过媒体报道后引发社会强烈关注。当时，武汉有3名女婴疑似因食用某品牌奶粉后出现性早熟，乳房开始发育。在经过医院的一番诊疗之后，家长质疑，3人长期食用的同一品牌奶粉就是罪魁祸首。在此事件曝光后，江西、山东、广东也出现3起类似病例。一时之间，大众对奶粉的质疑被推上高峰。

其后，当时的湖北省卫生厅（现为湖北省卫生健康委员会）组织专家组对该品牌"早熟事件"的3名女婴进行集体会诊，诊断认为"雌激素水平正常"，属于假性性早熟。卫生部（现为国

第 4 章　舆论博弈需要战斗观念
六步法高效研判网络舆情

家卫生健康委员会）也公布调查结果，称患儿乳房早发育与所食用乳粉没有关联，市场上抽检的该品牌乳粉和其他婴幼儿乳粉激素含量没有异常。

即便如此，该品牌奶粉依然没有重获大众的信任，股价连续暴跌。

在这样的事件中，如果企业当时能够及时梳理传播拐点，进行反击，就有可能阻止舆论一边倒地朝着不利的方向发展。然而，一旦企业错过了最佳回应时间，后期可能再努力也无法补救。所以对于信息拐点的研判，一定要迅速及时、正中靶心。

综上所述，应时而动、知己知彼、见招拆招、抽丝剥茧，正是面对舆情危机时的普遍处理路径。

传播贴士 Communication Tips

1. 六步法高效研判网络舆情：
    1）明确对象，分清引发危机的叙事主体；
    2）厘清原因，分析叙事目的；
    3）看懂路径，梳理传播渠道；
    4）了解内容，判断信息切面；
    5）观察大众的反应，梳理不同反馈；
    6）研判局势，确定风险与传播拐点。

2. 叙事主体是引发事件的源头，但叙事主体不一定是当事人，也可能是官方媒体、自媒体、网民等。
3. 常见的三种叙事目的：表达人性深处的正义感、满足复杂的利益诉求和获取流量。
4. 危机事件的三个传播渠道：

    1）传统主流渠道，包括官方主流媒体和"两微一端"；

    2）新生主流渠道，包括各类"大v"账号和"水军"账号；

    3）其他重要渠道，包括社区论坛和新晋热门平台。
5. 信息生态的三个层面：事实面、谣言面和故事面。
6. 大众处理网络热点信息的六种方式：情绪判断、记忆判断、想象判断、专业判断、事实判断和是非判断。
7. 风险的四个层级：舆论海啸、舆情暴风雪、舆情沙尘和一般舆情。
8. 传播对当事人或企业有利的事实就是传播拐点，它能够有效对冲风险点，将风险降到最低。

第 5 章

以最快的速度掌握主动权
应对舆论海啸的三连击

抢占时间、
放低姿态、
找准预期，
是应对舆论海啸的
三把利剑，
拿稳了才能披荆斩棘、
反败为胜。

第 5 章　以最快的速度掌握主动权
应对舆论海啸的三连击

舆情危机一般分为重大危机和一般危机。采取针对性措施来化解企业的危机，是本书最关键的内容。**重大危机出现时，应对舆情主要依靠三个连击，其中最重要的一击就是迅速干预、抢占时机，即抓住舆论窗口期，快速制定应对策略。**

抓住舆论窗口期，快速制定应对策略

首先，企业要搞清楚一个概念，就是舆情发生之后的舆论窗口期。在舆论窗口期，因为大众处于反应期，对事件的发展和判断尚未形成最终结论，且初期大众对事件的关注度高，各种发声能被听见的概率更大，所以舆论窗口期就是企业的"有效作用"时间，要利用这段时间及时跟大众进行对话，才可能引导舆论向有利于企业的方向发展。否则，一旦热点事件被"带节奏"或者其本身形成了强势的定论，基本上就很难扭转局面，企业后期的发声也会被淹没。如果到了那一步，即便事实真相对企业有利，企业也很难再将事实传播出去，甚至花费十倍百倍的精力也不一定能达到舆论窗口期对舆论的引导效果。

那么，如何抓住稍纵即逝的舆论窗口期，制定好应对策略呢？下面，我们就来拆解一下舆论窗口期的几个不同阶段和特征，分析一下成功和不成功的应对案例。

2010 年前后，人民网舆情监测室（现为人民网舆情数据中心）曾提出过危机时刻权威信息发布的"黄金 4 小时"原则。监测室有关人员认为，在当时的网络媒体格局下，危机来临的时候，只有 4 小时的时间来组织有效应对。那时，人们的时间还没有完全被互联网"绑架"。现在，情况发生了变化，争取时间窗口变得更加紧迫，越早回应，抛出事件真相、回应不实信息，越容易解套，越容易受益。所以在"黄金 4 小时"之前，我认为还必须要重视"钻石 1 小时"。

快速辟谣型发声："钻石 1 小时"

重大舆情发生后的 1 小时，被称为"钻石 1 小时"，这是快速辟谣的发声阶段。

众所周知，负面舆情对大众的吸引力是很大的。互联网时代，"吃瓜群众"越来越容易被一些丑闻、新奇的热点事件吸引，这些事件传播起来的速度比正面消息要快得多。所以当发现有造谣传谣的信息发布后，企业一定要迅速回应，通过主动定义事实来扭转局面。这不仅是内容上的回应，更是态度上的回应。畏畏缩缩、逃避退让的态度只会让人产生无限的

第 5 章 以最快的速度掌握主动权
应对舆论海啸的三连击

想象空间。在这方面，前文提到的星巴克"致癌风波"就是一个教科书般成功的案例。

当时，咖啡致癌的消息几乎在全球媒体刷屏，只是星巴克成了最显眼的靶子。面对这次舆论风波，星巴克抓住了"钻石 1 小时"，迅速启动了危机公关。在一系列又快又准的操作之下，星巴克在谣言刷屏的 24 小时内就平息了这场"致癌风波"。

这个案例的成功经验告诉我们，在事件发生的 1 小时内就迅速摆明态度是很重要的，对事实的反击也是强有力的。最快速度的及时回应和言之有物的证据都能让公众迅速形成判断，同时可以有效遏制企图"带节奏"的其他叙事主体。

安抚型发声："黄金 4 小时"

在"钻石 1 小时"之后，就是"黄金 4 小时"，在这个阶段，企业需要做的是一些安抚型发声。比如，在有些舆情危机中，事实可能一时还不够清楚、真假难辨，那么企业负责人就可以进行表态型正面发声，或者从侧面进行技巧型发声，来做一些正面的呼应。

2018 年有两次舆情危机事件，它们是一正一反的两个典型案例，下文的第一个案例是正面案例，第二个案例是反面案例。

2017 年 8 月 25 日上午 11 点左右，关于"老鼠爬进食品柜""火锅漏勺掏下水道"等相关话题的一篇博文，揭露了海底捞在北京市朝阳区两家门店的后厨存在卫生恶劣和违规操作情况。随后，"海底捞老鼠爬进食品柜"的话题迅速登上微博热搜第8位。

下午不到3点，海底捞官方微博就发布博文《关于海底捞火锅北京劲松店、北京太阳宫店事件的致歉信》，承认这一报道的真实性，并向公众致歉和感谢监督。同时，海底捞关闭了涉事的两家门店。

但是，在这篇博文发出去的15分钟左右，《法制晚报》的博文热度登上新高，转评数据高达平常的数十倍。于是在17点左右，海底捞官方微博再次发布博文——《关于海底捞火锅北京劲松店、北京太阳宫店事件处理通报》，向公众表明了其整改措施及全面负责的态度。同时，海底捞还安抚涉事门店的员工无需恐慌，并表示公司董事会应承担主要责任。

18点左右，"海底捞回应"登上实时热搜榜第一。网友热评海底捞的两次回应是"这锅我背，这错我改，员工我养"。因为反应迅速、态度诚恳，海底捞总算平息了很多消费者的怒火。

可以看到，海底捞一连串的及时回应，有效扭转了众多消费者的态度。正是由于快速抓住了黄金时间窗口，海底捞才得以在舆论尚未形成某种阵营的时候就平息了这场事件。

2018年5月，一名女乘客乘坐网约车遇害的消息引发广泛关注。随后，该网约车公司成为众矢之的，被推上风口浪尖。从该网约车公司的公关上来看,错过黄金时间窗口显然会导致严重后果。事件一开始,地方媒体就对女乘客遇害新闻做出了报道。然而,直到次日中午,该网约车公司才发布正式官方声明,此时距离地方媒体的报道已过去 24 小时。该网约车公司随后发布的一则"悬赏百万"的微博声明,更是将自己推向风口浪尖。有时间悬赏 100 万元,却依旧对大家最关心的平台审核机制避而不谈,因此该网约车公司的这条微博被大量网友批评为作秀行为。尽管该公司后续删除了这条微博,但是其引发的舆论后果已经难以挽回。

在这类事件中,无论是否需要官方的权威证实,无论官方的权威发声什么时候出来,企业在"黄金 4 小时"内的安抚型发声都很重要。这里需要注意一点,就是企业发声时,务必要考虑近期舆论热点、舆论态势等方面的因素,做到综合处置、快速回应。

那么在"黄金 4 小时"中,发布的内容有什么讲究呢?具体来说,要注意三个层面:一是速报事实,二是慎报原因,三是边做边说。如果事实面还没有定论,那就要先把正确的价值观摆出来!

也就是说,对正在发生的舆情事件,无论最终事实到底如何,企业在进行回应时,都必须体现符合大众期待的正确的价值观。而且,在涉及企业的定性评价中,过于高调容易犯忌。现实中,企业的态度越低调,大众越容易同情企业。

强势出圈

实锤型发声:"白银 24 小时"

在"钻石 1 小时"和"黄金 4 小时"中,及时发声主要是指表态,同时也是给后续事态发展争取更多时间。那么,接下来,需要做的就是收集掌握更多有利于企业的信息和证据,进行后续阶段的危机处置,形成更强有力的回击。这一阶段就是被称为"白银 24 小时"的实锤型发声。

在这个阶段,企业有了相对充足的时间去分析危机形势,要立即着手开展调查工作,力求还原真相,且态度要不卑不亢、真诚稳妥,做到积极回应。在这个阶段,值得注意的是,发布权威信息有两个原则:一个是准确说,一个是反复说。

准确说,就是指在舆论窗口期,一定要找到并找准对冲的焦点,避免节外生枝,引发次生舆情。没有权威部门调查结论的事实,都不能随意发布。在准确说这方面,有一个典型案例:

2023 年 4 月,曾有网友上传视频爆料,某豪华汽车品牌在活动中派发冰淇淋时,疑似区别对待中外人士,这一内容引发网络热议。当天下午,该汽车品牌中国总部在官方微博账号致歉,表示这一事件"因内部管理不细致和工作人员失职"所致,同时表示会加强管理和培训。

但是在第二天,该汽车品牌的第二份致歉声明引发了众怒。这份声明对失职人员的身份做出了解释,并表示会虚心接受大家的反馈,认真改正。同时,这份声明也请求大家给失职人员多些

156

宽容和空间。但这份声明并没有得到网友的认可。网友认为这第二份致歉声明,"不但认识不清事态的严重性,一副没什么大不了的口气,而且完全没有真诚反省自己的错误、回应网友的关切,甚至疑似甩锅——要求给两位礼仪小姐多点宽容和空间",被称为"史诗级拉胯公关",还有网友晒出用 ChatGPT 写作的公关文案,两者的诚意与严谨程度似乎高下立判。此事之后,该汽车品牌遭遇股价下跌、转型受挫,品牌形象损失更是难以估计。

反复说,就是指要建立信息联播机制。因为人们在生活中消费信息的场景太多元了,注意力很容易被干扰,所以一定要在时间的场景上避免漏掉关注者。之前流传在生活中的许多谣言,到现在还有人相信,就是因为这些人错过了官方发布的权威信息。

在"白银 24 小时"中,需要的是比前面两个时间段更有力量的事实性证据,这样才能在大众心中形成完整的证据链条。企业只有态度诚恳,事实有力,才能稳住基本局面。

长尾型发声:"富矿 100 小时"

经过前面三个阶段的应对之后,企业还有一个 100 小时的富矿时间,这个相对较长的时间段,是给企业巩固声誉、树立更为正面的形象的时机。这个阶段的发声被称为"长尾型发声"。

发生了舆情危机,看似是个麻烦,实则也是企业赢得大众关注的机会。有些企业平时绞尽脑汁才有可能吸引大众关注，但在危机事件中，反倒轻易实现了这个愿望。不过，如何借助危机事件为企业赢得更多声誉，建立更多正面联结，是一个重要的公关课题。

在"富矿 100 小时"的长尾型发声阶段，企业可以利用舆情事件中大众对舆情的持续关注，及时推出有正面传播价值的信息，扩大战果。在这方面，特斯拉曾经有一个转危为机的成功案例：

2013 年，美国西雅图南部的公路上有一辆特斯拉 Model S 型轿车发生车祸起火。车祸视频在网上广泛传播，从中可以看到，汽车前部着火，两侧轮胎火势较大，中间最前部出现几次小型火球，驾驶舱和汽车后部基本完好。这款轿车曾在安全碰撞测试中获得美国公路交通安全管理局的最高分，但车祸视频的广泛传播，还是引发了大众对电动车安全性的怀疑。

因该事件的冲击，特斯拉公司的股票和声誉在短期内受到重挫，但特斯拉公司依靠一系列优秀的公关动作，成功化解了危机。事故发生后，马斯克不仅及时联系车主，向大众介绍了事故情况，还对起火事故做出了全面分析和解释。

在事故发生当天，特斯拉全球公关就发布紧急声明，承认着火的车辆是一辆特斯拉 Model S 型轿车，同时解释了事故车辆是在发生重大撞击后才起火的，并非自燃。这份声明措辞严谨，并且强调了车辆的安全性能，比如：只在车头的部位发生了大火，火焰并没有进入内部驾驶舱；汽车的警报系统显示了车辆故障，很智能地"指引"驾驶员靠边停车并安全撤离，避免了人员伤亡。

第 5 章　以最快的速度掌握主动权
应对舆论海啸的三连击

随后，马斯克披露了一些相关数据，给大众吃下一颗定心丸。他指出，美国全国的驾驶数据统计显示，美国每年有 15 万起汽车着火事件，而美国人每年要开 3 万亿英里（约 4.8 万亿公里）。也就是说每 3.2 万公里行驶里程就有一辆车起火。而根据驾驶特斯拉汽车的相关数据，大约每 1.6 亿公里行驶里程，有一起起火事件。这意味着驾驶传统汽油车遭遇起火的概率是驾驶特斯拉的 5 倍。

在事实完全摆出来之后，按理说这次危机算是化解了，但是特斯拉公司的公关还没结束。完全了解了起火以及事故发生的原因后，特斯拉公司还邀请事故车的驾驶员为自己做了"无罪辩护"。这名驾驶员说，他对特斯拉在此次事故中的表现很满意，因为车辆在这样极端的情况下仍然表现良好，同时他也表示，自己仍是特斯拉的粉丝，接下来还会再购买一辆特斯拉汽车。

特斯拉之所以能转危为机，除了在"钻石 1 小时""黄金 4 小时""白银 24 小时"等几个重要阶段中及时坦诚地讲述了事情的前因后果，把事实公之于众以外，还有一点很重要，就是在整个过程中，它都没有把该事故的公关只当作一个应付危机的短期行为，而是抱着与大众深度沟通的长期心态，彻底全面地解决大众的担忧，而且做出了超越一个危机事件本身的多维度回应。

其中，请驾驶员现身说法，就可以看作长尾型发声，因为驾驶员既是事件的当事人，又是第三方的身份，他的回应表态是非常有说服力的。这就是对企业具有正面传播价值的信息，可以达到巩固、扩大战果的目的。

强势出圈

找准叙事立场，三步实现精准反击

处理舆情危机时，把握舆论窗口期只是第一击，此后就要发出第二击，争取更大程度地扭转局面。所以，接下来企业需要做的是，制定出可以在舆论场上进行反击的策略，打一个漂亮的翻身仗。

那么，制定反击策略，可以从哪里入手呢？根据我多年来在实战中总结出来的经验，最重要的一点，是要在熟知舆论场特点的前提下，针对具体事件进行深入理解。因为每个事件的类型和动态发展过程不同，无法一概而论，但是人们的底层的共同认知是不变的，所以在统一认知的基础上，针对具体事件做出调整能以最快的速度掌握主动权。

下面通过三个步骤来建立起应对舆情的底层认知，针对不同情况，快速制定反击策略。

第一步：从外部视角找到核心问题

制定反击策略前，企业要找准问题。如何才能找准问题呢？就是要建立起外部视角的认知，从外部视角入手，找到事件最核心的问题。外部视角是跟内部视角相对的概念，在解释什么是外部视角之前，首先要了解内部视角的含义。内部视角是指以自己的价值观为出发点去看待问题。内部视角容易使一些人落入信息陷阱。因为这些人往往有自己的价值偏爱，他们身边的人也愿意配合，久而久之，他们可能就会真的觉得自己的一些看法不是个人的价值偏爱，而是一种社会共识。

第 5 章　**以最快的速度掌握主动权**
应对舆论海啸的三连击

想要突破内部视角，就要站在大众的立场上，熟悉大众处理热点信息的工具和方式。因此，处理舆情危机，要从外部视角切入并分析核心问题。这就需要企业能具有前瞻性判断，预知大众或者利益相关方可能从哪个缺口展开攻击，传播对企业构成致命一击的信息。能预判大众会从哪些角度进行批评和质疑，企业就会对这些角度和话语方向有所准备，提前找出化解的办法。

在这个过程中，很关键的一点就是要关注大众感受，这种感受也可以解释为最终大众脑海里形成了哪些固化、标签性的印象。这种标签式判断，就是企业需要针对性化解的核心问题。只有找到了这些核心问题，并且针对这些问题，站在公众的立场上进行公关，才有机会扭转局面。

第二步：建立符合大众预期的立场

人们都是有立场的。与人沟通的时候，有时立场和态度比内容更重要，只要让对方觉得双方立场一致，沟通就会变得更容易。在与大众沟通时，这个原则也适用。舆论是人们立场、观点、态度的表达，是人们对社会问题进行价值评价的结果。企业只有建立符合大众预期的立场，才能更好地处理危机。那么，对企业而言，最重要的就是应该知道，什么样的立场是符合大众预期的。建立符合大众预期的立场要注意两点。

首先，尽量避免自卖自夸。在现在的舆论场中，大众喜欢企业的低姿态。作为企业，平时可以是强势的、疏远的，但遇到事情时，就要主动放低姿态，态度谦卑，如此一来，大众就会觉得企业可亲。

在腾讯和老干妈纷争的热点事件中,腾讯起诉老干妈拖欠广告费,但是老干妈否认了与腾讯的合作还帮腾讯报了警。这场互联网巨头腾讯与"国民第一辣酱"老干妈之间的纠纷几经反转,最终演变成了一场"众人围观腾讯被骗"的闹剧。

在这件事中,腾讯是如何进行公关的呢?首先,腾讯在B站的官方账号发文称"辣椒酱突然不香了",然后还"卖萌"式地自嘲是"憨憨企鹅"。这个视频发布后,迅速在B站获得了一众点赞。这样做的效果很显著。此前腾讯在B站的视频点击量大多在5万上下浮动,很少有超过10万的,而这条视频仅仅发布15小时后,点击量就超过了300万。

有网友评论:在这段让人哭笑不得,最后只能哈哈大笑的视频里,你能看到腾讯用一种委曲求全、自黑自嘲的方式,直面网友们的群嘲,还呼吁警察叔叔帮帮自己。事情发展到这里,舆论开始被腾讯的反应速度和谦卑态度吸引,甚至还对腾讯产生了同情。

这份同情的产生,正是因为企业谦卑的姿态让大众找到了立场上的共鸣。

其次,要能自我批评,并且态度要真诚。这么做的目的是让大众看到企业的立场与大众是一致的。在这一点上,前文中提到的关于海底捞的案例就是一个成功的案例。

事情发生以后,海底捞并没有狡辩,也没有拖延,而是火速开展危机

第 5 章　以最快的速度掌握主动权
应对舆论海啸的三连击

公关，且声明中没有任何推诿含糊之词。

结果，舆论转向有利于海底捞的一方。很多网友评论说，海底捞毫不避讳问题，对于一个追求极致口碑的品牌而言，不诚实没有任何退路，然而诚实需要足够大的勇气。

与海底捞的危机公关类似的比较经典的案例还有支付宝因为 2018 年年度账单涉及隐私，连夜给大众道歉的例子。

> 2018 年 1 月 3 日，支付宝年度账单如约而至，也像往常一样刷了屏，但这次刷屏的不是账单，而是支付宝的隐藏按钮涉嫌收集用户隐私。
>
> 面对铺天盖地的质疑和谩骂，支付宝连夜发布了一条声明。在声明中，支付宝展现了一如往常的公关实力，先是诚诚恳恳地认错，用到了"愚蠢至极"等词进行自我批评，让用户感受到企业对错误的深刻反省。接着支付宝开始了补救措施，将用户质疑的问题全部纠正，即使之前用户同意收集的信息也全部作废，最大程度上满足用户的需求，保护用户的隐私。最后支付宝向用户保证，一定会在用户知情和同意的情况下获得用户的信息，并且绝不会滥用。
>
> 凭借这一系列操作，支付宝的危机公关成功平息了众怒。

承认错误并道歉，然后整改，这是海底捞和支付宝的危机公关思维。可惜的是，很多时候，面对类似的负面舆论，大部分企业都做不到立正挨

163

打，有些企业往往能否认就否认，或者把责任转嫁给他人，甚至不发声，等待新的热点出现来弱化负面舆论。这些显然都是不符合大众预期立场的公关行为，势必会引发更多的负面舆论，也会让企业的危机扩大化，甚至到无法收场的地步。

第三步：抢占道德优势

在找到了核心问题，并建立起符合大众预期的公关立场之后，最后一步，就是要在价值观上找到有利位置，抢占道德优势。什么是道德优势呢？

首先，要符合国家的要求，和国家的大政方针一致，与国家的叙事立场一致，这自然就有了道德优势。这需要企业坚持正确的舆论导向，具备基本的政治素养。

前面提到过，企业坚持正确的价值观，最终能反馈到企业自身的发展上。因为群众的眼睛是雪亮的，想要浑水摸鱼的企业迟早会被大众发现，所以企业不要有侥幸心理，还是应当坚持正确的价值观。

以正确的价值观为基础，在处理舆情危机时，才能有底气"说硬话"，才会让大众刮目相看。比如某跨境业务网购平台就曾在这方面以一种具备道德优势的姿态化解了一次危机。

2018年2月7日，中国消费者协会（简称中消协）发布

2017年"双11"网络购物体验调查结果，多家电商平台涉嫌售假。这对这些平台的信誉度是很大的打击。但面对中消协的调查，只有两家网购平台做出正式声明。特别是其中的一个网购平台，当天就反驳了中消协的调查结果，第二天又联合30多个品牌为平台正名。

但该网购平台的做法并没有马上打消消费者的疑虑。随后，该网购平台做出了一个让人惊讶不已的决定——起诉中消协，要求中消协公开致歉并赔偿千万损失。6月22日，北京市海淀区人民法院官网宣布受理此案。至此，该网购平台的强硬态度已经让自己处于道德优势，也让许多消费者对平台的信心大增，因为一般情况下只有自身产品为正品，平台才会如此硬气，这也让该网购平台暂时躲过了"卖假货"的舆论风波。

其次，在重大事故上要有人道主义精神，要以人为本。不能在出现舆情危机的时候，给大众逃避责任的感觉。东方航空曾经就出现了一次舆情危机，最终因为敢于承担责任而成功化解了危机。

2018年11月17日凌晨，东方航空推出了0.4折机票，有的用户花300元就抢到了头等舱的来回机票。真有这么大的优惠力度吗？其实这是东方航空工作人员失误导致的系统错误，以致东方航空官网和App出现无数超低价机票，动辄数千元的头等舱、商务舱机票都被卖成了"白菜价"。

在这次事件中，东方航空并没有选择收回用户手中的特价机票，而是承担下了所有损失，保证用户抢到的所有机票全部有效。

这样的处理方式，不推脱不卸责，坦率地承认错误，大气地接纳后果，以损失赢得了更多的支持和信任，也让大家看到了真正属于企业的品性与风范，让消费者对东方航空的好感度直线上升。

综上所述，在符合大众预期立场的基础上，企业需要去抢占道德优势，这需要企业具备基本的素养，知道什么样的价值观才能经得起考验，要输出符合国家立场的声音，要有基本的人道主义关怀。当企业在这样的道德优势上发声时，常常能迅速扭转局面，不至于被舆论一击致命。

扩大正面信息声量，形成舆论拉锯战

如果企业在处理舆情危机时，能够做到前文所说的三步精准反击，就有机会形成舆论拉锯战，在被人发动突然的舆论攻击的时候，也能避免被恶性舆情一击致命，这就达到了为自己争取博弈时间的目的。扩大正面信息声量，形成舆论拉锯战，这就是处理舆情危机的第三击。

在形成舆论拉锯战的过程中，最重要的就是，尽可能多地召唤那些和企业站在同一立场的朋友，集中最大的资源，和"带节奏"的不实信息战斗。战斗的原则，当然是人越多越好，装备越先进越好。

接下来就从平台阵地、发声渠道以及信息传播的路线这几个角度来说说怎样才能扩大一方的信息声量，形成舆论拉锯战。

第 5 章　以最快的速度掌握主动权
应对舆论海啸的三连击

平台是需要占领的主阵地

其实，当企业找到了符合大众预期的立场，占领了道德优势后，就相当于已经占据了有利的地形，具备了跟对方展开博弈的时间和空间。而博弈中最重要的，就是能否将更多有利于企业的声音重新布置在特别聚焦的平台上。

平台就是主阵地，平台中发布的信息，以及信息下方的各种留言和评论等对企业有利的内容，可以看成是弹药。企业的目的，就是要让弹药在这些聚焦的平台上向那些对企业不利的声音发起进攻，最终将那些不利的声音都替换成有利的声音，让有利的声音在平台上更醒目、更赢得人心。

目前的平台阵地，除了"两微一端"、短视频平台等以外，需要坚守和进攻的地方还有很多。这时候，判断什么阵地更能影响战斗全局，需要在什么节点、什么阵地、发出什么样的声音，都非常重要。

舆情战场上信息瞬息万变，几乎不会留给企业机会和时间去做详细的讨论，危机发生后，只能靠经验，在每次新的节奏性信息推送后，及时捕捉大众情绪的反映，迅速制定策略。在这方面，娱乐圈的很多明星公关都做得比较好。

比如 2020 年，某女艺人因为参加《乘风破浪的姐姐》这个节目，获得了特别大的社会关注度。在此之前，该女艺人已经参演过多部作品，也是一位很有实力的演员，只是一直处在作品火人未火的状态。随着节目的爆红，该女艺人也走红了，收获了非常多的综艺粉丝。

不过，虽然艺人都会希望自己的粉丝多一些、人气高一些，但作为一个颇有实力的演员，参加综艺大火之后很容易被打上"饭圈"的标签。从长远来看，这对艺人的形象未必是好事。因为在饭圈文化影响下，粉丝的一些不理智发言往往要艺人来背锅。

对于大多数明星来说，微博是他们发声的主要平台，也是影响力最大的阵地。所以当时该女艺人的工作室针对微博等平台分布着大量不理智的饭圈粉丝追星行为，及时发出了一则声明。大致内容就是，该女艺人工作室不提倡任何人以任何形式进行的粉丝集资及铺张应援，在和后援会进行沟通之后将会尽快退还全部费用并进行公示。该女艺人也转发了这则声明。除此之外，工作室还特地强调，不提倡、不建议粉丝接送机、跟机，更反对一切酒店追私等行为。

这个声明一出来，很快上了热搜。该女艺人和工作室的做法，得到了更多路人的好评。这时，事件的影响力开始在各个平台上扩大，该女艺人拒绝应援的声音在道德上明显得到了全社会的支持，饭圈的一小波不理智群体，自然也不敢跟这么大的社会正能量对抗，声音慢慢也就被冲淡了。所以，从这一点看，该女艺人工作室的这则声明在占领平台的有利的声音上，显然是成功的。

第 5 章　以最快的速度掌握主动权
应对舆论海啸的三连击

占领阵地需要打通发声渠道

之前强调过，用最短的时间判断信息和大众的反映，对大众情绪的可能性进行预判，才能适应舆论战的场景。在舆论战场上，大军未动粮草先行，想要做好舆论攻防战的排兵布阵，就必须要有足够的资源。资源在哪里呢？在主流媒体、社交大号，以及众多的网络评论员中。如果舆情发生后，这些资源在短时间内不能到某个阵地集结，企业可能就会满盘皆输。这就是真实的舆论博弈，和上战场打仗没什么两样。

所以说，打通发声渠道非常重要。但很多时候人们会忽略这一点，因为能够配合企业发声的渠道，一般都是立场、观点一致的人，很多时候，企业以为只要大家目标和观点一致，发出去的信息就一定是正面的、有利于企业的。但渠道毕竟不是企业自己的，如果要别人配合，就要衔接很多环节。

首先，信息发布需要征得渠道方的同意，当然，这一点一般不会太难。其次，就是要求渠道方按企业的博弈需求发布信息。在满足这个要求的过程中，变数就出现了，因为渠道方未必会完全按企业的意图发布信息。毕竟，这是舆情危机，渠道方可能愿意帮助企业，但绝不愿意因此而给自己招来祸端。最后，发布的内容要有品质，这样效果才会好。如果内容品质一般，内容发布出去后效果可能适得其反，甚至酿成次生舆情。

某乳制品集团发布年报时，就曾因为宣传文案的内容品质差而引发了一场舆情危机。

2018年4月，该集团发布了2017年年报和2018年一季度报。随后，《三秦都市报》官方微博率先发文，紧接着各路财经自媒体"大V"，包括一些主流媒体也发布了同样的内容。

众多的主流媒体和自媒体发布的关于年报的内容几乎完全一致，并且都含有一句"在董事长的带领下"。这句话如果是该集团发布的，当然没有问题；但由媒体发布出来，就显得特别突兀，因此立刻就被眼尖的网友发现了。"在董事长的带领下"这句话瞬间刷爆网络，甚至一度成了网络热词。

随着事件持续发酵，还有网友指出，只要1万元就可以收买80%以上拥有几百万粉丝的"大V"。在这次年报风波中，无论是传统媒体还是自媒体都经历了一场良知和利益的考验。

在这次舆情风波中，该集团最主要的失误在哪里呢？就是发布的主体非常多元，但话术却很雷同。可见这些信息的发布都是该集团花钱买的，这就失去了公信力。即使这样的事情只发生一次，也会让人怀疑该集团此前或者之后通过社交媒体发布的很多有利的声音，可能并不真实。

根据资源确定行军路线

有了需要占领的目标阵地，有了发声的渠道和资源，就要确定如何从企业的道德优势出发，怎样集结、利用这些资源，通过什么样的路径、什么样的步骤，把平台上的声音置换成有利的声音。

集结资源，就相当于清点己方的兵力，然后再根据兵力来部署，安排

第 5 章 以最快的速度掌握主动权
应对舆论海啸的三连击

什么样的发声主体，去占领哪个阵地。一般而言，企业完成兵力的集结，需要搞清楚"正规友军"有多少，"民兵友军"有多少。可以把"正规友军"理解成主流媒体，把"民兵友军"理解为自媒体。如果企业有和顶级主流社交媒体沟通的渠道，比如《人民日报》、央视新闻，那么企业将真相发送给这些媒体后，若是这些媒体愿意帮助澄清真相，并且通过报道真相发出一锤定音的评论，事情往往就简单很多了，这时候甚至不需要"民兵友军"的参与，舆论便可以向着对企业有利的方向发展。

在这种情况下，行军路线特别简单，只要主流媒体在微博上发一条短评，很多质疑一下子就云消雾散了。而且这种短评常常会迅速变成社会热点，扩散到各大平台去。所以在集结资源时，用好主流媒体的影响力特别重要。即使企业没有能够和顶级主流社交媒体直接沟通的渠道，也不要因为侥幸大意，引发主流媒体的负面评价，这样将会给企业带来巨大的危机。

2021年"双11"期间，欧莱雅在这方面就做了一个错误的示范。

欧莱雅曾因为"双11"差价事件冲上热搜。公开报道显示，有消费者投诉某直播间预售的欧莱雅安瓶面膜价格远远高于"双11"现货，甚至有将近两倍之差。对于这种情况，欧莱雅表示，这是因为在欧莱雅直播间购买的用户叠加使用了多种平台及店铺的优惠。但是，其中使用的优惠券也含有欧莱雅店铺发放的，所以在这次事件中，欧莱雅其实很难撇清自己的责任。

果然，舆论发酵后，在11月17日晚，某直播间发表声明，表示将暂停与巴黎欧莱雅官方旗舰店的一切合作，直至此事妥善解决。接下来，欧莱雅也不得不在 11 月 18 日凌晨发表致歉声明。声明中表示：对因促销机制过于复杂而给消费者带来的困扰致歉。这个致歉并没有给出任何解决方案，让用户感到毫无诚意。在形势已经非常紧张的节点，欧莱雅这份无关痛痒的声明不能给出符合大众预期的致歉态度，也没有提出任何解决办法，这让欧莱雅失去了占据道德优势的机会。

如果此时欧莱雅拿出实际行动，并能争取主流媒体的理解，那事件至此依然有峰回路转的机会。可事实是，欧莱雅在这个事件中，几乎没有"友军"，它的声明可能是想对抗网友的质疑。但没有权威媒体的背书，没有其他媒体的力挺，加上这个声明本身又没有任何诚意，所以它几乎是瞬间就被舆论击垮了。

由此可见，在没有兵力准备、不明确占领目标、不知道安排什么样的行军路线时，企业单凭危机声明就想要渡过难关，是非常难的。

这件事情也提醒企业，在上场之前，一定要先从各方面做好准备，从平台到渠道再到可用的资源等各方面都要不断做好积累，如果应对舆论的兵力不足、目标也不明确，盲目发声有时候会适得其反。

没有不能处理的舆情危机，只有不懂得处理危机的人。简而言之，抢占时间、放低姿态、找准预期，这就是应对舆论海啸的三把利剑。只有拿稳了这三把利剑，才能披荆斩棘、反败为胜。

第 5 章　以最快的速度掌握主动权
应对舆论海啸的三连击

> **传播贴士**
> Communication Tips

1. 应对舆论海啸的三连击：

    1）抓住舆论窗口期，快速制定应对策略；

    2）找准叙事立场，三步实现精准反击；

    3）扩大正面信息声量，形成舆论拉锯战。

2. 舆论窗口期的四个阶段：快速辟谣型发声阶段、安抚型发声阶段、实锤型发声阶段和长尾型发声阶段。

3. 四个阶段有一个共同的原则，就是确保态度诚恳、事实有力。

4. 三步实现精准反击：

    1）从外部视角找到核心问题；

    2）建立符合大众预期的立场；

    3）抢占道德优势。

5. 扩大正面信息声量的关键，就是将足够多有利于企业的声音重新聚焦在平台上，同时打通发声的渠道。

第 6 章

一般危机不可小觑
三种常规应对手段

信息公开是原则,
不公开是例外。
与其让别人发声,
不如自己发声,
至少这样看起来更光明磊落。

第6章 一般危机不可小觑
三种常规应对手段

在实际的舆论场上,重大舆情危机发生的频率并不高,反而是另一种类型的危机,即一般危机,会经常出现。相对于重大舆情危机,一般危机造成的后果虽然没有那么严重,但在一些情况下,如果忽视了一般危机的重要性而处理不当,极有可能造成次生危机,进而引发重大舆情危机。所以,一般危机同样不可小觑。

不同于重大舆情危机的处理方法,一般危机有许多常规处理方法,下文将对这些方法进行详细介绍。

对外舆情沟通,必须掌握四大回应技巧

回应时充分准备要素

部分舆情曝光初期,舆论场中真相不明、信息混杂,此时的舆情处置工作就变得极为关键。如果处置得当,大众能及时知晓真相,舆论自然也

就平息了。但如果处置不当，就容易滋生谣言，甚至进一步引发大众焦虑、恐慌的情绪。

突发舆论事件的性质，就是不确定性较高，所以为了获得准确的信息，舆情发生后，许多人关注的重点都集中在官方通报上。这时，官方的微博账号、微信公众号等渠道在发布信息时，就需要做好充分准备。

官方通报固然要介绍事情的来龙去脉，但这个通报能否真正解除公众的疑惑，得到普遍认可，还得打上一个问号。许多通报发布后效果不尽如人意，不但没有平息舆论风波，反而引发更大的质疑。

在回应之前，企业要做好充分的准备，要搞清楚如何才能把情况说明白，让大众更好地理解。在应对一般危机时，相对来说还是有一定的缓冲期的，因此，企业有时间先去了解清楚情况，在了解事实和舆论传播生态的基础上，去明确大众的关注点是什么。接下来就是要搞清楚设置什么样的议题才能达到预期目的。最后通过设置议题，达到引导舆论的目的。

值得注意的是，企业设置的议题不能违背传播生态，要顾及大众心理。

2022年6月22日，一辆蔚来汽车坠楼，车内的两名被困人员不幸身亡。23日20点33分，蔚来官方发出声明，声明中大概包括以下几点：

1. 有2人死亡，一人是员工，另一人是合作伙伴员工；
2. 成立善后小组；

3. 公安启动了事故原因调查，初步确定是意外事故；

4. 与车辆本身没有关系。

蔚来的官方声明中的一句"这是一起意外事故，与车辆本身没有关系"，引发了网友争议和对事件真相的质疑。随后，蔚来官方删掉了之前的声明，又发了一个新声明。这个"新声明"与"被删声明"最大的不同，就是把网友有争议的最后一句话提到了前面，并改成了"这是一起（非车辆原因导致的）意外事故"。从后期曝光的信息来看，是一位蔚来的用户在微信群里修改了这个声明，这一修改意见被蔚来公关负责人予以采用。

从舆情发生后企业的一系列操作可以看出，蔚来的公关处置没有通盘考虑，也没有针对性的措施。其结果是在不懂得大众心理和传播生态的情况下，让一个本来一般性的舆情事件，差点儿演变成了一次重大的舆情危机。

遵守统一口径原则

在舆情处置的过程中，有一个非常重要的原则：统一口径。这个原则听起来容易，做起来却难。因为统一口径是一个需要全盘统筹规划的问题，必须具备高度的战略思维。舆情处理就是一个战场，在这个战场上，企业要面对众多精细化的战况，在不同的战况中，要制定全面的应对策略，所以全盘的战略性考量非常重要。

对于哪些内容能发布、哪些不能发布，发布的时候具体要有哪些流程和环节，由谁来发布、何时发布、如何发布、发布多少，如何确保不发布错误内容等，企业在每一个关键点都要进行精准的研判。既要研判是否有风险，也要研判是否有预案，是否有发布的口径等。最终的目的是让所有对外发布的内容形成一盘棋，且其中的各个节点不能相互矛盾。

比如之前提到的员工猝死案，事情发生后，涉事企业因为发出了"底层的人民，哪一个不是用命换钱"这样的言论，再次引发舆论海啸。这就是典型的口径没有统一，说了不该说的话。

除此之外，在这方面，还有一个例子也比较典型。

2021年1月上旬，某女性用品公司为了推广自家产品，在短视频平台上发布了一系列"创意"广告，其中一则广告视频内容为一名美女深夜被不明男子尾随，就在万分紧张之际，女孩灵机一动，拿出该品牌的湿巾卸了妆，露出"真容"，成功"解救"了自己。

随后，有博主在网络社交平台上发布了自己对这则视频广告的看法，认为该视频内容制作画面恶心，不尊重女性群体。这个言论引起了广大女性网友的共鸣，导致该公司广告涉嫌侮辱女性一事在全网快速传播。

随着网络热度的攀升，这件事在1月8日下午引起了《潇湘晨报》、中国新闻网等具有广泛社会影响力的媒体的关注，事件进一步扩散。

眼看事情要向着不可控的方向发展，该女性用品公司于1月

第6章 一般危机不可小觑
三种常规应对手段

8日下午正式道歉，称将成立整改小组，对出现的问题进行严格问责，并将下架网络上该系列广告的视频。随着道歉声明的公布，网络舆论开始逐渐平息。

事实上，到这一步，整件事还只是一般危机。可公司接下来的一步操作却犯了大忌。第一则道歉声明发布之后两天，该女性用品公司再次发布了一则道歉声明，在开头部分诚恳道歉，其后便开始介绍公司成立以来的理念、关于产品标准的介绍等一系列被网友认为自夸的内容。

这则道歉声明一出，立刻引发了诸多讨论，大多是在批评公司自夸，比如有人说他们的声明是"开头我错了，全程我自夸""名为道歉，实为自夸"，是十足的"凡尔赛"文体等。一时间，自夸、炫耀等词代替道歉、侮辱成为事件中出现的高频词汇，网友也纷纷表示将会抵制该公司的产品。

此外，在第二次道歉风波后，诸多社会性媒体也关注到了此事。对于该公司的二次道歉声明，媒体认为除了没有诚意外，还有想要通过"黑红"的标签来炒作的嫌疑，存在扰乱市场秩序的问题。同时，针对企业的这种行为，诸多官媒也发出了点评。

在危机公关面前因为措辞不当而导致危机进一步加深的公司并非少数，上述这种名为道歉实为自夸的案例也有前例。毫无疑问，这些危机公关都是失败的。

危机公关的回复重点应在于了解大众在讨论什么，大众对该事件的情绪是如何变化的。实际上，该女性用品公司第一次道歉后，负面言论虽然在慢慢下降，但不可忽视的是，网络中负面的情绪依旧占据主流。此时，公司仅仅看到了负面言论逐渐消失的一面，完全不顾大众是否对该事件仍然存有负面记忆，就开始强行自夸，自然会引起网友、媒体的反感和质疑。

关于危机公关的回应，最重要的一点是，在舆情事件中，要把情况搞清楚，要知道大众在说什么，然后有针对性地做出解读，并且在处置舆情的过程中，对于大众的反馈信息，也要将其作为全盘考虑的一环，而不是稍微看到情况好转就马上进入自说自话的视角。

做突发事件的"第一定义者"

除了充分准备要素和统一口径之外，在处置一般危机时，还有一个需要注意的要点，就是要争做突发事件的"第一定义者"。为什么这么说呢？

首先，在舆情事件爆发后，全网信息快速传播，信息在传播的过程中本来就可能"失声"，会被各种人从不同角度解构，将简单的问题复杂化，导致舆情危机进一步扩大。因此，企业在舆情危机爆发后，要及时通过媒体、发布会等各种渠道，发布属于企业的态度与看法，将网友与媒体的注意力吸引过来，以树立良好的企业形象，为后续公关手段争取时间。

其次，对于一般危机而言，要牢牢把握一个原则，那就是"信息公开是原则，不公开是例外"。这意味着，企业不能抱有侥幸心理。现在的网络，几乎每个人都是一个自媒体，事件只要发生了，就可能有人传播到网上。对企业来说，与其让别人发声，不如自己发声，至少这样看起来更光明磊落，不会给人留下遮遮掩掩的印象。

那么，作为"第一个发声的人"，企业具体应该怎么发布信息呢？

第一，要速报事、慎报原因，既不失语、又不妄语。做到及时发布、准确发布、反复发布，必要时由第一责任人出面在第一现场举行新闻发布会。

在大多数舆情危机中，大众更关注的是企业的态度，态度被认可了，企业才有继续发声的机会，否则可能什么也没发布就被别人定义了，或者无论发布什么都不被认可、不被信任。

第二，要发挥主场优势，让企业成为核心信息源，保密有度、不谎不慌，面对谣言要有必要的反击。针对具体的案例，不要只拿一个刻板的标准去衡量。此外，想要精准且有针对性地发声，还需要积累大量实战经验，因为大众的反馈都是有规律可循的，企业在大量的实战演练中可以慢慢找到这种规律和节奏。

第三，要勇于与网络意见领袖和"蹭流量"的自媒体抢夺旗帜。在这方面，格力和奥克斯的舆论战是一个比较典型的例子。

2019年6月10日下午，格力电器发布了一封举报信，称奥克斯空调股份有限公司生产销售不合格空调产品，其能效比和制冷消耗功率的检测均不合格。同一天晚上8点左右，奥克斯空调做出了回应，称格力的举报不实，已向公安机关报案。

晚上9点半，格力电器再次发声，发布了相关产品的检验报告，并表示已准备好充分的证据供监管部门调阅，还会视情况适时向社会公布。

按理说，这是两家企业之间的战争，奥克斯也做到了迅速回应。但是由于回应过于简单，没有更多内容可供大众了解内情，所以引发了外界的更多猜测，也迅速引起了媒体的关注和跟进。多家媒体曝光了格力与奥克斯的历史积怨，称两家企业在知识产权问题上交战已久。

面对这些舆情，奥克斯选择在次日通过"浙江之声"这个渠道发布了一篇呼吁民族品牌应该一致对外的相关博文，这则消息经媒体转发后在网络上快速传播，但奥克斯因为此番言论受到了指责。

网友认为奥克斯的这个呼吁有道德绑架之嫌，并且格力举报的是产品质量问题，奥克斯并没有对此做出正面回应，发布博文的做法显然是一种逃避问题的行为，部分网友还由此推断奥克斯的这种回应侧面坐实了格力的举报是真实的。

奥克斯的做法，就是缺乏应对舆情的发声技巧的典型案例。在当时的情况下，企业应当摆出更多事实，舆论才能慢慢平息下来。然而，奥克斯没能第一时间定义自己，失去了主动权，结果被媒体、网络"大V"和大众定义了。这种定义可能迅速形成一种刻板印象，扎根在大众的脑海中，后期再想要扭转会很难。

所以，舆情事件发生后，企业要第一时间旗帜鲜明地摆出一个好的态度，用好的内容来定义自己，这样才能最大可能减少外界的猜测和来自其他人的不实定义。

寻找次优解决方案

当舆情已经起到破坏性作用，没有机会寻找完美的解决方案时，就要寻找次优解决方案。在这样的情况下，要分层组织应对。首先是给企业留有余地；其次对事主进行慰问和必要的道歉；再次是问责；最后是修复企业的信任。

"3·15晚会"中被点名的企业就存在这类情况。如何应对成了决定该类企业后续能否被大众信任的关键环节。

2012年，麦当劳被"3·15晚会"曝光其北京三里屯店违规操作。节目还没结束，麦当劳就通过官方微博发表了致歉声明，正面回应了该危机事件，并言辞恳切地向消费者表态，这种个别事件不会再出现，极大地安抚了消费者的不满情绪。

麦当劳之所以成功处理了这起危机，原因除了反应速度快、态度诚恳，还在于它完美诠释了分层组织应对。

麦当劳在回应曝光危机时，强调这是个别案例，并将话题引导到以包容心态看待跨国企业的管理问题上，无形中就争取到了更多基础消费者的同情心。同时，企业第一时间表态这样的事情以后不会再发生，让大众心里有了底，也就建立了后续信任的基础。

现在很多食品企业出现舆情危机之后，要么束手无策，要么欲将事件拖延下去。事实上，这种拖延式的公关方式对企业是最不利的。特别是在食品安全存在诸多隐患的情况下，过分让舆论发酵只会引起消费者对企业品牌的更多猜测，最终引发抵制情绪。

事实上，麦当劳的危机公关也并非总是为人称道的。此前，也曾有消费者投诉，在麦当劳广州某门店点了两杯红茶后，发现里面有浓浓的消毒水味道，现场工作人员对此投诉的处理态度却令人不敢恭维。并且，该事件被曝光一周之后，麦当劳才公开发表声明，强调企业有高质量标准，但整个声明中没有提及任何自查的问题。这种敷衍了事、忽视消费者感受的公关回应方式，自然遭到消费者和媒体的口诛笔伐。一时间，网上充斥着各种不满麦当劳的声音，麦当劳的销量也急剧下降。

可见，一般危机虽然不是来势汹汹，但也是决定企业发展的重要环节。品牌积累的就是日常形象，一旦负面信息达到了一定程度，就会成为"压倒骆驼的最后一根稻草"。

让第三方发声成为舆论转折的关键

有时候，在企业做出一些回应之后，舆论方向依然没有缓解，对企业的不利状态仍在持续。此时，大众对企业的信任度可能已经非常低，无论企业如何解释，信任感的破裂是很难迅速修复的。正如此前提到过的，立场会影响沟通的效率，也就是说，当大众把企业作为对立的一方时，是不大可能再听得进任何对企业有利的话的，所以这时候企业就需要找到第三方来发言。因为第三方的身份是中立的，大众显然不会立刻将其当作对立方来看待，因此也更容易听得进去第三方的发言。那么，哪些第三方的声音比较能让大众产生信任呢？

政府和主流媒体发声

第三方发声要起到背书的作用。所以，第三方发声主体应当具备足够的公众信任度。在我国，政府和主流媒体历来是具有公信力的，大众在面对舆论事件时，都会选择等待官方权威信息的发布。所以，政府和主流媒体是排在第一梯队的第三方发声主体，能得到其发声支持是最好的。

第一，在很多热点事件中，政府和主流媒体有回应大众关切的责任；第二，政府有很高的权威性，有能力还原真相；第三，面对汹涌的舆论，如果传播出来的信息不实，对企业、对政府都有一定的伤害，所以在大众关切的热点事件中，企业就有机会让政府或官方权威媒体来介入发声。

多年来，在我国食品行业舆情危机的案例中，政府出于自身职责所在，曾间接地帮助企业发声。企业有政府的公信力做背书，自然更能赢得大众的信任，谣言也就慢慢消散了。例如，呷哺呷哺的鸭血事件。

2015年，央视"3·15晚会"曝光呷哺呷哺销售的鸭血涉嫌掺杂猪血成分，引起大众哗然。但呷哺呷哺并没有慌乱，而是选择了"声明先行，配合调查"的危机公关处理策略。

在此事曝光后的 12 个小时内，呷哺呷哺先后发布了三条微博。第一条微博主要是向消费者、监管机构、媒体和各利益相关方表明真诚的态度，这对危机公关的成功至关重要。只有真诚的态度才有可能获得大众的谅解。时隔 20 分钟左右，呷哺呷哺发布了第二条微博，主要披露了紧急解决方案和联系电话，以便能第一时间"止损"并抓住舆论的主导权。6 小时后，呷哺呷哺发布第三条微博，说明了其已采取行动，将相关鸭血下架，并表明会尽快查明事实真相，及时通报。

然后，呷哺呷哺便在政府检测机构的检测结果出来之前，一直保持沉默。媒体在将现有的资料报道完之后，纷纷向呷哺呷哺询问最新进展。此时，呷哺呷哺呼吁静待公开检测结果，使舆论导向发生了转移，并为后续的沉冤得雪埋下了伏笔。

3 月 26 日，检测结果证实呷哺呷哺的鸭血没有问题。此时，呷哺呷哺发布了一则声明，并开始恢复鸭血的售卖。同时，呷哺呷哺还举办了一个活动，到店消费的顾客可以免费获得一小份鸭血。

在危机发酵的整个过程中，呷哺呷哺的股价总共下跌了 8%。但是，危机结束后，呷哺呷哺的股票不断上涨，仅 26 日当天就上涨了 4%，而且在后续的一周时间内，总计上涨了 33%。

可见，在危机公关的处理中，当有足够权威的政府机构的数据来发声时，大众更容易认同企业的说法。此外，主流媒体的权威性也是不言而喻的。

第6章 一般危机不可小觑
三种常规应对手段

作为第三方，主流媒体对真相的调查、对热点事件入情入理的分析评价，都能起到很好的背书作用。

2020年10月，李子柒品牌遭遇了"黑公关"事件，主要是因为有人宣称在李子柒螺蛳粉内吃出了刀片，引发舆论关注。对于一度成为螺蛳粉行业标杆品牌之一、月销量高达1 000多万袋的李子柒品牌而言，这自然是一大黑料，消息很快被多个营销号转载传播，形成了网络热点话题。

事件发生后，李子柒品牌方很快就发出了官方声明，并且表示要用法律手段解决。这样的言论发出后，发帖者很快就删除了涉及吃出刀片始末的内容，同时将这些内容改为"愿意承担法律责任"。

其实随着始作俑者的删帖，这次舆情危机相当于已解决了一大半，但有时候即便负面事件结束，品牌在大众心里的某些疑惑可能也不会那么快消散，品牌口碑依然会受到影响。

所以其后一些主流媒体集体发声，表达对李子柒品牌的支持，也起到了非常关键的作用。比如央视网、凤凰网、澎湃新闻等均发文支持李子柒，并引述李子柒官方微博声明内容，表示这次事件是一次造谣抹黑行为。

至此，这次危机事件很快得到了解决。由于许多主流媒体的集体力挺，李子柒品牌没有受到太大影响，这正是主流媒体发声带来的影响力。

专业人士和社会名人发声

虽然政府和主流媒体的发声效果很好，但在很多事件中，政府和主流媒体是不会轻易出面的，这时企业要想找到权威背书，就要寻找其他渠道，比如专业人士和社会名人。有些涉及专业性的事件只有专业人士才有权威解读，所以大众会愿意相信专业人士的专业解释。

前面提到过一个案例，星巴克在2018年那场被抹黑其咖啡"致癌"的舆情危机中，仅用了不到24小时就化解了危机，其危机公关中重要的一环就是找到了丁香医生为其发声，从生物医学专业角度给出解释。并且，星巴克（中国）在给所有媒体发布的声明中还附上了一份全美咖啡行业协会相关的公告。这一做法显然是很明智的，因为它可以很好地消解大众的质疑，让大众相信星巴克不仅仅只基于维护自身利益才做出这样的反驳。

所以，对于类似事件，与其由企业自己发声，表示谣言是假的，不如直接让专业人士发声。因为信息永远是不对称的，企业不能指望大众都能理性地判断信息的真伪，而让专业人士发声来为企业背书，对消费者来说就非常具有直观性。

除了专业人士，社会名人的发声也能起到类似效果。如果说专业人士是在理性、专业上受到人们信任的人，社会名人则是在情感上更容易受到人们信任的人。社会名人的影响力大，也更珍惜自己的名誉，所以在舆情沸腾的节点，如果有社会名人加入哪方叙事立场，往往会对该叙事立场起到有利作用。

利益相关方和法律界发声

除了专业人士和社会名人，还有两种非常能赢得大众信任的第三方——利益相关方和法律界。

利益相关方是热点事件的当事人，自然是最能聚焦大众关注点的，同时，他们也更清楚真相，而且由于利益相关方和企业之间有利益交集，尤其是当双方利益出现矛盾的时候，如果利益相关方还能发言支持，站出来为企业说话，那么大众就很容易相信他们说的是真相，认为企业的确是被冤枉的，事件基本上也就可以平息了。

比如前面提到过的特斯拉在 2013 年的舆情危机事件，特斯拉就找来了相关当事人为其发声。特斯拉准确地选择了当事车辆驾驶员来为特斯拉发声，对于大众来说，驾驶员其实是可以代表大众，即消费者立场的，所以其发声非常具有说服力。

不过需要注意的是，请利益相关方来发声也是有条件的。比如在华为为联想 5G 投票的热点发声时，虽然华为愿意给联想背书，但最后联想的声誉还是没有得到大的扭转。主要原因是联想之前就存在一些受到广泛关注的负面新闻。

还有一个第三方，就是法律界。有时候，很多舆论需要依靠法律来对事件的是非对错和真相定性。从法律的视角看，谁对谁错，谁承担什么责任，都是相对清晰的。另外，很多问题也只有回到法律的框架下，才能有解决的办法。这时候，熟悉相关法律的法律界人士作为第三方来发声，就变得很有价值。

在格力与奥克斯的拉锯战中，双方因专利权事件多次对簿公堂，有的案件可持续数年。事实上，在法庭之外，双方曾在公开场合发生过"互呛"，格力电器曾公开指出奥克斯公司生产的空调质量不合格。

不过在这个过程中，大众依然很难判断孰是孰非。2020年，这场官司进行了判决。根据民事裁定书，奥克斯最终败诉，被判赔偿经济损失4 000多万元以及关于制止侵权行为的合理开支。

法律文书一出，格力不辩自明，这场多年来的拉锯战在大众心中也自然就分出了是非黑白。因为有了权威的判决书作为佐证，结论是难以逆转的，大众自然也不再存疑。

所以说，诉诸法律虽然周期漫长，但作用也是一锤定音式的，影响非常深远。

综上所述，用好巧劲、善于借力，可以说是处理舆情危机的两大法宝。

善用法律手段，维护企业的基本权益

一般舆情处置中，最后一个常规的做法，就是要善用法律手段，维护

企业的基本权益。互联网上的信息鱼龙混杂，经常有人恶意编造、散布虚假内容，试图扰乱互联网秩序。互联网并非法外之地，如果发布的信息触及法律红线，也必将受到法律的严惩。

比如，曾经有一则"73岁东莞清溪企业家豪娶29岁广西大美女，赠送礼金、公寓、豪车"的信息在网络平台传播，引发大量关注。这则消息实际上是一条谣言，最后当事人依法维权，造谣者也因编造、传播虚假信息、诽谤他人，涉嫌刑事犯罪，被公安机关依法刑事拘留。

对于个人来说，当我们的名誉、利益等受到侵害时，需要果断拿起法律武器来保护自己；对于企业来说，同样如此。那么，企业应该怎样用好法律手段，维护企业的基本权益，争取舆论战中的主动地位呢？

想要用好法律手段，首先要熟悉相关的法律条款。熟知相关的法律，不仅能够帮助企业守好底线，在发布内容时不触碰法律的红线，还可以让企业在处理相关突发事件时，做到心中有数，更加从容应对。

接下来，就从侵权和诽谤这两个在网络谣言中常涉及的违法事件入手，看看相关的法律条款是如何规定的。

熟悉网络侵权的法条

《中华人民共和国民法典》（以下简称《民法典》）颁布后，无论是企业还是个人，在处理网络侵权纠纷上，都有了更全面的依据可循。这不仅是民法上的一件大事，还是民生事业上的一件大事。

对企业来说，在网络维权过程中主要依据的是《民法典》中的4个条款。

- 第一千一百九十四条　网络用户、网络服务提供者利用网络侵害他人民事权益的，应当承担侵权责任。法律另有规定的，依照其规定。
- 第一千一百九十五条　网络用户利用网络服务实施侵权行为的，权利人有权通知网络服务提供者采取删除、屏蔽、断开链接等必要措施。通知应当包括构成侵权的初步证据及权利人的真实身份信息。

  网络服务提供者接到通知后，应当及时将该通知转送相关网络用户，并根据构成侵权的初步证据和服务类型采取必要措施；未及时采取必要措施的，对损害的扩大部分与该网络用户承担连带责任。

  权利人因错误通知造成网络用户或者网络服务提供者损害的，应当承担侵权责任。法律另有规定的，依照其规定。
- 第一千一百九十六条　网络用户接到转送的通知后，可以向网络服务提供者提交不存在侵权行为的声明。声明应当包括不存在侵权行为的初步证据及网络用户的真实身份信息。

  网络服务提供者接到声明后，应当将该声明转送发出通知的权利人，并告知其可以向有关部门投诉或者向人民法院提起诉讼。网络服务提供者在转送声明到达权利人后的合理期限内，未收到权利人已经投诉或者提起诉讼通知的，应当及时终止所采取的措施。
- 第一千一百九十七条　网络服务提供者知道或者应当知道网络用户利用其网络服务侵害他人民事权益，未采取必要措施的，与该网络用户承担连带责任。

这是对网络侵权责任的一般性规定，也是从总体方面对网络用户和服务提供者的网络侵权责任做出了规定。总结来说，《民法典》采用了两个规则。

一个是提示规则。也就是说，网上发布的信息是否构成侵权，作为网络经营者可能并不知道，也难以判断，所以就必须要由受害人先提出来，要求网络经营者删除、屏蔽、断开链接。如果在一个合理的时间内，网络经营者没有采取措施，那就要承担侵权责任。

另一个是明知规则。也就是说，网络经营者明知道这个信息已经构成侵权，还不采取措施，放任其发表传播，那么根本不需要提示，就需要承担责任。比如有人在网上发布他人的裸照，网站经营者明知这种行为构成了侵权，就应当及时删除这些侵犯他人隐私的信息。

应该说，以上两个规则，既规范了网民在网络上的言论自由，又规范了网站的审查责任，还平衡了网站与受害人之间的利益。《民法典》对网络侵权问题的立法明确，对于保障公民的合法权益和规范虚拟网络世界起到了非常积极的作用。

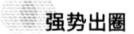

熟悉网络诽谤的相关法条

和侵权比较起来，诽谤更加严重，属于刑事犯罪。这时候，就需要企业熟悉《中华人民共和国刑法》中的一些相关条款，例如：

- 第二百四十六条　以暴力或者其他方法公然侮辱他人或者捏造事实诽谤他人，情节严重的，处三年以下有期徒刑、拘役、管制或者剥夺政治权利。
  前款罪，告诉的才处理，但是严重危害社会秩序和国家利益的除外。

这里需要注意的是，在一般情况下，侮辱罪和诽谤罪属于刑事自诉，需要当事人向法院提出诉讼要求。

同时还需要注意的是，侮辱和诽谤是有差异的。侮辱可以不用事实去实施贬低他人人格、名誉的行为，也可以用事实去实施；而诽谤往往通过捏造事实来实施。或许有人认为，走司法流程维权是否意味难度大、成本高？这要视具体事件来说。比如，网络诽谤很可能存在匿名或者转发者众多，难以找到诽谤源头的情况，那么锁定造谣者就很重要。

针对网络诽谤，最高人民法院、最高人民检察院《关于办理利用信息网络实施诽谤等刑事案件适用法律若干问题的解释》中有详细规定，例如：

- 第二条 利用信息网络诽谤他人，具有下列情形之一的，应当认定为刑法第二百四十六条第一款规定的"情节严重"：

　　（一）同一诽谤信息实际被点击、浏览次数达到五千次以上，或者被转发次数达到五百次以上的；

　　（二）造成被害人或者其近亲属精神失常、自残、自杀等严重后果的；

　　（三）二年内曾因诽谤受过行政处罚，又诽谤他人的；

　　（四）其他情节严重的情形。

　　因此，如果遭遇网络诽谤，第一时间要做的，就是向公安机关报案，寻求帮助，锁定诽谤者。在这方面，企业可同时采取两种方式：第一，向公安机关报案，通过公安调查寻找相应责任人；第二，请不实信息发布平台方协助查找相应责任人。大部分网络平台都有对应的投诉举报机制，当事人若能提供证据证明遭遇网络诽谤，平台有义务协助当事人删除相关信息，避免侵权影响扩大。同时，平台也有义务告知当事人涉嫌诽谤者的个人情况。如果平台拒绝，当事人可以向法院申请诉前调查令，委托调查涉嫌诽谤者的身份信息。

　　一旦锁定了诽谤者，不仅诽谤者需要承担法律责任，在舆论发酵期间传谣者和信息发布平台也可能会担责。对传谣者来说，如果在传播谣言的过程中将谣言信息进一步加工，导致侵权影响扩大，或者单独构成捏造新的事实的违法行为，就很可能成为独立侵权人，同样要担责。信息发布平台在收到当事人提供的澄清证据及删除谣言申请后，若不及时删除相关信息，也可能构成侵权。

现实中，因为网络诽谤而获刑的人不在少数，其中比较典型的有近年发生的"女子取快递被污蔑出轨快递小哥"事件。

2020年7月，浙江省杭州市吴女士在取快递时被隔壁便利店老板偷拍视频，编造了"富婆出轨快递小哥"的谣言。8月13日，杭州市公安局余杭区公安分局就此事发布了警情通报，造谣者郎某和何某因诽谤他人被行政拘留9日，并录制道歉视频。但吴女士不认可造谣者的道歉视频，加上她的生活因诽谤视频遭受了严重影响，所以她在同年12月公开表示，要采取刑事自诉。

2021年4月30日，浙江省杭州市余杭区人民法院依法公开审理了这一案件，认为：被告人郎某、何某出于寻求刺激、博取关注等目的，捏造损害他人名誉的信息，并在网络上散布，造成该信息被大量阅读、转发，严重侵害了被害人的人格权，影响其正常工作生活，使其遭受一定经济损失，社会评价也受到一定贬损，属于捏造事实，通过信息网络诽谤他人且情节严重，所以两个被告人的行为均已构成诽谤罪，公诉机关指控的罪名成立。最后，法院当庭宣判，分别以诽谤罪判处被告人郎某、何某有期徒刑一年，缓刑二年。

可见，无论对于企业还是个人而言，都要充分认识到网络谣言的危害，做到不造谣、不传谣，保护自己和他人不受网络谣言和网络暴力的侵害。

第 6 章　一般危机不可小觑
三种常规应对手段

了解维权的法律手段

对于很多企业来说，维权诉求都比较简单，只想通过法律手段，让平台和造谣的人删掉不良信息。想要删掉信息、消除影响，除了通过法律途径以外，还有一个更简单的办法，就是直接向平台投诉。现在几乎所有的正式平台，都有侵权的投诉入口，企业只需要按照规定投诉即可。

比如今日头条就表示，如果用户在使用 App 时发现不良内容，可以拨打客服专线，或者通过 App 进行反馈，也可以发送举报邮件，都会有专人进行处理。除了今日头条以外，像抖音、快手等网络平台，也都有完善的线上线下多渠道举报路径。用户提交相关证据后，平台会进行核实，如果发现侵权行为属实，会及时删除侵权作品，并根据侵权程度对侵权账号（或用户）进行警告、封禁甚至永久封禁等处罚。

此外，在找到投诉渠道后，企业还可以通过律师顾问向平台发布律师函，这样做比直接的网页投诉效果更好，威慑力更大。

如果以上这些手段都不管用，那就要使出撒手锏了，就是对那些躲在屏幕后攻击企业的人提起诉讼。其实，平台方一般会配合维权的人删掉不实信息。一方面，这些平台用户量非常大，如果都来应诉，诉讼成本太高。另一方面，但凡企业起诉，不可能没有依据，因此平台一旦败诉，对其信誉会造成不良影响。所以，一般只要企业有足够的证据去起诉那些躲在幕后攻击的人，平台都会配合企业的诉求。

很多时候，企业只能看到平台上散布了许多和企业相关的谣言和虚假信息，却无法找到信息传播的源头，也获取不到他们的真实信息。那么企业应如何去提起诉讼呢？下面就来说说可供参考的做法。

首先，企业可以在办公地的公证处，要求公证这些散布谣言的帖子，然后在所在地的法院提交诉讼。这里建议企业委托相关律师进行诉讼，并给予全面的授权。其次，企业要明确起诉的顺序。企业需要起诉的第一个对象是平台，发现有人在哪个平台上造谣，就起诉哪个平台。

为什么要这么做呢？因为这样企业就可以要求这些平台提供侵权人的信息，并且不用担心这一做法会得罪平台。平台这时候往往也想尽快解决问题，所以平台的律师往往会提出和解。这时企业就可以提出和解的条件，即要求平台删除不实信息，并给出涉嫌侵权人的信息，之后再撤销对平台的诉讼。

如果双方达成一致，以上行为就属于庭前和解，是具有法律效力的。平台会很快协调删掉那些不实信息，并给出涉嫌侵权人的相关信息。企业在拿到涉嫌侵权人的真实信息后，可以如约撤销对平台的诉讼，接着去起诉侵权人。

如果企业拿到了平台提供的信息，比如一些IP地址、电话号码等，还是无法联系到侵权人，导致法院无法进入正常的诉讼程序，这时应该如何做呢？

第6章 一般危机不可小觑
三种常规应对手段

这时企业可以让律师请法庭协助调查，在得到对方的身份信息和地址后，就可以要求法院按照身份证上的地址邮递传票了。如果最终传票因为未被签收、拒收等原因退回，也不用担心，这时可以要求进行公告送达，这个公告会出现在某个法院指定的报纸上，公告在刊登 60 天后将视同送达，法庭将在公告后择日开庭。如果开庭日侵权人没来，法庭将以其缺席审理，并视同对方放弃质证和答辩权，这时企业的诉讼基本就赢了。

> **传播贴士**
> Communication Tips

1. 应对一般危机的三种常规手段：
    1）对外舆情沟通，必须掌握四大回应技巧；
    2）让第三方发声成为舆论转折的关键；
    3）善用法律手段，维护企业的基本权益。
2. 四大回应技巧：
    1）回应时充分准备要素；
    2）遵守统一口径原则；
    3）做突发事件的"第一定义者"；
    4）寻找次优解决方案。
5. 第三方的三个梯队：
    1）政府和主流媒体，权威性最强；
    2）专业人士和社会名人，能帮助企业赢得更多信任；
    3）利益相关方和法律界，最能聚焦关注。
6. 用好法律手段的两个要点：熟悉法律条款，并了解更多维权渠道。

参考文献

考虑到环保的因素,也为了节省纸张、降低图书定价,本书编辑制作了电子版的参考文献。请扫描下方二维码,直达图书详情页,点击"阅读资料包"获取。

后 记

网络必将重构企业的品牌策略和销售策略

2016年,中国人民大学附属中学(简称"人大附中")一位非常优秀的女教师辞职了。但是她的辞职理由不是前些年流行的那一句"世界那么大,我想去看看",这位叫作申怡的女教师的辞职理由是"为了更多的孩子"。

人大附中被誉为"宇宙最强中学"。很多人不解,她为什么从这么好的学校离职。她回答说:"(我)在人大附中(教书)

3年，影响100个学生，如果我走出来的话，可能一年之内我能走上百所学校。我在网上直播，最多的时候有20多万人观看，我要把好语文、真语文传递给更多的人。看起来，从人大附中辞职对我个人职业生涯而言好像是走下坡路，但是我觉得自己能帮助更多人，所以我走得无怨无悔。"

我偶尔会为天下那么多家长、那么多孩子感谢她的"出走"。她的开放课堂，受益的不仅仅是学生。

网络给很多人重新赋权了，它打破了时空阻隔、改变了组织方式，让优秀的人有放大自己空间的机会。教师行业如此，其他行业何尝不是如此？

在抖音平台，有一个账号叫"铁血缝纫机"。它主打男装，仅仅拥有200多万粉丝，销售额却高达2亿元。打开"铁血缝纫机"的短视频，用户能感受到其在男装领域的专业度、趣味度都是不同凡响的。

线下的男装销售群体，是不可能像"铁血缝纫机"一样那么全方位地解读男装的。为什么呢？如果只是在线下售卖，销售人员的动力和热情都有限，至少很少有人绞尽脑汁地去研究产品、研究销售话术、研究展示方法。在线上，一则短视频可以24小时同步向几万、几百万、几千万，甚至上亿人展开精准投放。销售话术打磨得严丝合缝，展示方式变得更加透明、立体，这都是传统线下销售无法媲美的。

从本质上看，是专业和兴趣在打动消费者。如果说逛淘宝的人都是为了买卖东西，看抖音的人则主要是为了娱乐，那么把这些以娱乐为目的的人转化为消费者，就需要更高明的直播电商策略。

直播带货解放了优秀的销售，释放了优秀销售的力量。一个优秀的销售，经过网络重新赋权后，可以同步跟千万消费者交流。当他们具备了这样的流量，卖很多货不是顺理成章的事情吗？

从成本考量，直播带货成本低、效果好。对实体商场来说，工作人员的工资和店铺资金是很大的一笔支出。面对电商的冲击，尤其是对线下企业来说，应该怎么办呢？眼前，对很多企业而言，面对这个形势，要做的就是适应，让企业的美誉度早日出圈。

大概3年前，一个学生找到我，他任职于某广告公司。他告诉我说，一个客户在他们平台投放了3亿元的广告，快一年了，几乎没有效果，客户急了，让我给他们想一个好的广告语。我能理解这个学生的苦衷，但我并不认为这是广告语的问题。

2021年鸿星尔克爆红出圈，与广告费没有关系。2022年白象爆红，也跟广告没有关系。相反，有一定基础的企业，拿出广告预算的1/10，好好在网络场景布局自己的声誉、品牌、销售，就可能点石成金，化腐朽为神奇。

微博、微信作为非常活跃的社交平台，都没有对传统销售产生致命的影响，但社交短视频彻底改变了传统企业的发展方式。短视频平台可以重新定义很多产品的好坏。以前定义产品的好坏很简单，现在有专业的数字化手段，以至于普通的线上销售比线下的超级销售都要厉害。

短视频可以影响销量，这种私域流量的崛起，不仅仅解决了买不买的问题，也解决了口碑问题。对很多知名企业而言，与其花10个亿做广告，不如拿出来1个亿做公关。

未来，企业一定要占据私域短视频流量。私域流量就是一个企业的软实力，是广告买不来的传播能力。广告不打就没了，私域流量却很稳定。线下有规模的传统企业，稍加努力就可以把线上私域中属于自己的流量匹配起来。

找到精兵强将，布局好自己的私域短视频流量，就很容易让很多有产品的企业涅槃重生。

直播也好，短视频也好，目前还是有门槛的，有些企业还没有进入，但这种门槛必将被打破。

互联网的本质是连接，连接的本质是直接，即很多中间的组织环节都不再需要了。现在，在短视频平台上，企业不仅可以自己赚到流量，还更容易创造出属于企业自己的私域流量。

品牌变成流量很容易。鸿星尔克算不上太大的品牌，但占据了抖音一个亿粉丝的流量,而很多大品牌不用占据一个亿粉丝的流量,占据两千万粉丝的流量就足够了。占据流量很容易,但不把这件事作为战略去调整,还是把平台账号当作完全服务公司的宣传平台,这是不够的。

流量变成品牌也很容易。其关键是在把流量变成销售成绩时,也要把流量变成心智资产。不仅解决消费者买的问题,还要解决购买理由的问题。在心智端的竞争上,要依靠流量打认知战。

产品只是基础,形成消费者的认知更重要。作为生产端,产品始终是饱和过剩的,消费者的购买始终很有限。所以,消费端的产品主要赢在认知,而不是赢在车间。

用竞争的维度考虑商业,考虑销售,企业需要在行业里变得数一数二。流量的天花板不再在广告渠道了,算法模式让每个人、每家企业都可能一夜之间流量登顶。一夜爆红靠的不是运气,而是企业在流量上布局的决心。

未来，属于终身学习者

我们正在亲历前所未有的变革——互联网改变了信息传递的方式，指数级技术快速发展并颠覆商业世界，人工智能正在侵占越来越多的人类领地。

面对这些变化，我们需要问自己：未来需要什么样的人才？

答案是，成为终身学习者。终身学习意味着永不停歇地追求全面的知识结构、强大的逻辑思考能力和敏锐的感知力。这是一种能够在不断变化中随时重建、更新认知体系的能力。阅读，无疑是帮助我们提高这种能力的最佳途径。

在充满不确定性的时代，答案并不总是简单地出现在书本之中。"读万卷书"不仅要亲自阅读、广泛阅读，也需要我们深入探索好书的内部世界，让知识不再局限于书本之中。

湛庐阅读 App: 与最聪明的人共同进化

我们现在推出全新的湛庐阅读 App，它将成为您在书本之外，践行终身学习的场所。

- 不用考虑"读什么"。这里汇集了湛庐所有纸质书、电子书、有声书和各种阅读服务。
- 可以学习"怎么读"。我们提供包括课程、精读班和讲书在内的全方位阅读解决方案。
- 谁来领读？您能最先了解到作者、译者、专家等大咖的前沿洞见，他们是高质量思想的源泉。
- 与谁共读？您将加入优秀的读者和终身学习者的行列，他们对阅读和学习具有持久的热情和源源不断的动力。

在湛庐阅读 App 首页，编辑为您精选了经典书目和优质音视频内容，每天早、中、晚更新，满足您不间断的阅读需求。

【特别专题】【主题书单】【人物特写】等原创专栏，提供专业、深度的解读和选书参考，回应社会议题，是您了解湛庐近千位重要作者思想的独家渠道。

在每本图书的详情页，您将通过深度导读栏目【专家视点】【深度访谈】和【书评】读懂、读透一本好书。

通过这个不设限的学习平台，您在任何时间、任何地点都能获得有价值的思想，并通过阅读实现终身学习。我们邀您共建一个与最聪明的人共同进化的社区，使其成为先进思想交汇的聚集地，这正是我们的使命和价值所在。

CHEERS

湛庐阅读 App
使用指南

读什么
- 纸质书
- 电子书
- 有声书

怎么读
- 课程
- 精读班
- 讲书
- 测一测
- 参考文献
- 图片资料

与谁共读
- 主题书单
- 特别专题
- 人物特写
- 日更专栏
- 编辑推荐

谁来领读
- 专家视点
- 深度访谈
- 书评
- 精彩视频

HERE COMES EVERYBODY

下载湛庐阅读 App
一站获取阅读服务

图书在版编目（CIP）数据

强势出圈 / 韩立勇著. -- 杭州：浙江教育出版社，2024.5
 ISBN 978-7-5722-7844-0

Ⅰ. ①强… Ⅱ. ①韩… Ⅲ. ①公共关系学 Ⅳ. ①C912.31

中国国家版本馆CIP数据核字(2024)第097333号

上架指导：市场营销 / 传播

版权所有，侵权必究
本书法律顾问　北京市盈科律师事务所　崔爽律师

强势出圈
QIANGSHI CHUQUAN

韩立勇　著

责任编辑：姚　璐
美术编辑：韩　波
责任校对：王方家
责任印务：陈　沁
封面设计：张志浩

出版发行：浙江教育出版社（杭州市环城北路177号）
印　　刷：石家庄继文印刷有限公司
开　　本：710mm ×965mm 1/16　　　插　　页：1
印　　张：14.75　　　字　　数：180千字
版　　次：2024年5月第1版　　　印　　次：2024年5月第1次印刷
书　　号：ISBN 978-7-5722-7844-0　　　定　　价：89.90元

如发现印装质量问题，影响阅读，请致电 010-56676359 联系调换。